AF459250

# NOTICE
# DES ANTIQUITÉS
## ET
# DES TABLEAUX
## DU MUSÉE DE LYON.

Par F. Artaud,

*Directeur du Conservatoire des Arts,*
*Et Antiquaire de la ville.*

*A LYON,*

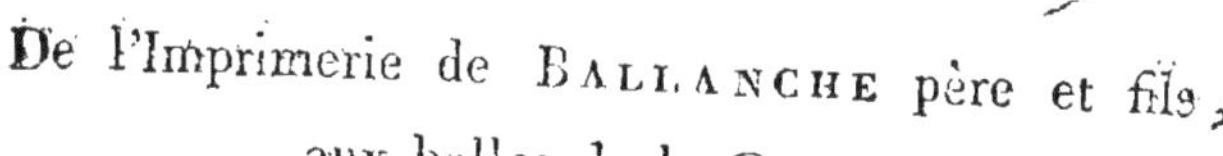

De l'Imprimerie de Ballanche père et fils,
aux halles de la Grenette.

M. DCCC. VIII.



Pour Monsieur Clavier de Lyon
juge en la cour criminelle de Paris
de la part de l'auteur

(4.)

# AVERTISSEMENT.

Il était digne du premier Magistrat de cette ville, de songer à recueillir nos antiquités éparses. M. de Sathonnay a conçu et réalisé en grande partie ce projet utile au complément de notre histoire. M. d'Herbouville, que les artistes ne sauraient citer sans louer son goût et ses profondes connaissances, a voulu contribuer de tout son pouvoir à la formation de ce nouveau Musée. On a acquis par ses soins quelques monumens d'une haute importance; tels que le *Suovetaurilia* de Beaujeu, et le tombeau en marbre d'un légionnaire des armées romaines. Enfin, on doit au concours de ces deux Magistrats, amis des arts, la réunion des sarcophages, des autels tauroboliques, des cippes couverts d'inscriptions, qui, placés sous les portiques du palais de St-Pierre, sont maintenant à l'abri des injures du temps et de l'ignorance. Les noms des premiers citoyens de l'antique *Lugdunum*, conservés sur ces tables de mémoire, traverseront encore des siècles, et parviendront intacts à une postérité reculée. Cependant il importe de réunir à toutes ces attestations de la noblesse de notre origine, un titre dont il nous est permis d'espérer aujourd'hui la possession. La forteresse de Gaëta recèle la fameuse inscription de Plancus notre fondateur (1). Jamais les circonstances ne furent plus favorables pour demander et recouvrer enfin ce monument précieux.

La plupart des tableaux qui composent cette collection sont dus à la munificence de l'Empereur. Sa Majesté, par ce bienfait, et par celui de la fondation d'une Ecole spéciale de dessin, a voulu faire pénétrer l'influence de la peinture dans une ville dont l'industrie est en rapport direct avec ce bel art. Elle a souhaité que Lyon pût enfin ressentir les effets de la régénération opérée par Vien et David. De grands tableaux d'histoire, d'un mérite distingué, ont été accordés au Musée de cette ville; il ne lui manque que quelques tableaux de genre,

---

(1) L. MVNATIVS. L. F. L. N. L PRON
PLANCVS. COS. IMPER. ITER. VII. VIR
EPVLON.TRIVMPH.EX.RAETIS.AEDEM SATVRNI
FECIT.DE.MANVBIS.AGROS.DIVISIT.IN.ITALIA
BENEVENTI.IN.GALLIAM.COLONIAS.DEDVXIT
LVGDVNVM.ET.RAVRICAM.

Lucius Munatius Plancus, fils de Lucius, petit-fils de Lucius, arrière-fils de Lucius : Consul, Censeur, Général d'armée pour la deuxième fois, Septemvir du banquet des Dieux, a triomphé des Grisons, a bâti de leurs dépouilles le Temple de Saturne, a départi aux soldats les terres de Benevent en Italie, a établi deux Colonies dans les Gaules, Lyon et Augst.

des écoles flamande et hollandaise. Les dessinateurs de nos manufactures n'y trouveront donc pas ces modèles d'imitation de fleurs et de fruits, ces admirables productions de Van-Huysum, de Mignon, de Van-Haelst, de Jean David de Heem, etc. Mais les trésors du Louvre ne sont point encore fermés pour les artistes lyonnais.

On a indiqué dans cette Notice, après la description succincte de chaque tableau et de chaque monument, la source d'où proviennent les uns et les autres. On ne lira pas sans intérêt, et sur-tout sans reconnaissance, les noms des citoyens qui se sont empressés, à la voix de M. le Maire, de concourir à former la collection des antiquités lyonnaises : nous avons regardé comme un devoir de signaler leur zèle et d'en perpétuer le souvenir.

Lorsque, dans la description des tableaux, nous nous sommes permis de parler de leur mérite et de citer quelques traits de la vie de leurs auteurs ; quand nous avons offert une traduction libre des inscriptions latines, nous n'avons point prétendu instruire les savans et les artistes. Ces détails n'ont été écrits que pour satisfaire la curiosité des personnes qui, livrées à des travaux étrangers aux beaux arts, chercheraient à se délasser un moment par le spectacle d'une réunion de peintures et d'antiquités. Nous avons pensé qu'en expliquant plus qu'on ne le fait ordinairement dans une notice, le sujet et l'importance des tableaux et des monumens, nous mettrions toutes les classes à portée d'en jouir davantage et d'y prendre un plus vif intérêt.

Ouvrir une galerie qui s'étendra dans toute la longueur de la façade au nord sur la cour de ce palais, y placer avec goût et méthode les ouvrages des grands peintres, tel est le projet du Conservatoire des arts ; et si MM. les Membres de cette Administration diffèrent encore l'exécution de ce plan superbe, c'est que leurs ressources sont loin de répondre au zèle qui les anime.

---

# NOTICE
# DES ANTIQUITÉS
# DU MUSÉE DE LYON.

# NOTICE DES ANTIQUITÉS.

## N.° I.

NVMINIBVS
AVGVSTORVM
L. F. AENIVS. RVFVS
ET. L. F. AENIVS
APOLLINARIS
FILIVS

AUTEL votif, consacré aux divinités des Augustes, par L. F. Ænius Rufus, et par son fils Ænius Apollinaris.

Les Romains portèrent la flatterie au point de créer des divinités particulières pour la conservation de leurs Empereurs, et ils les divinisèrent souvent eux-mêmes. Juste-Lipse cite un fragment d'une inscription relative aux mêmes divinités, qui se voyait dans les murs de l'église de St. Pierre. (*a*)

Ænius Apollinaris était vraisemblablement de la même famille que Sidonius Apollinaris.

---

(*a*) Page CXII, n.° 5.

Ce poëte lyonnais, comme un autre Amphion, rendit l'empereur Majorien sensible aux accords de sa lyre, et celui-ci fit relever les murailles de Lyon, abattues par Attila.

Cet autel servait de jambage à une porte d'une maison de campagne située sur la colline dite de Choulan, appartenant à M. Rougnard. Son fils, qui se plaît à l'étude de l'histoire de Lyon, a donné cette inscription au Musée.

---

## N.° 2.

ET MEMORIAE . AETERN
CALPVRNIAE . SEVERAE
D FEMINAE . SANCTISSIMAE M
VIVA . SIBI . PONENDVM . PRECE
PIT . CALPVRNIAE . DELICATAE
ET . EREDI
ET SVB ASCIA . DEDICAVIT

Aux dieux mânes (*a*), et à la mémoire éternelle de Calpurnia Severa, femme très-

---

(*a*) Les mânes ou les ames des morts étaient considérés comme de bons génies, ou des divinités que l'on invoquait sur les tombeaux. L'immolation d'une brebis noire passait pour leur être très-agréable.

Calpurnia, surnommée *Delicata*, ou mignonne, était l'affranchie de Calpurnia Severa. Ces *delicata* étaient de jeunes esclaves que les dames romaines élevaient pour leur amusement; après les avoir affranchies, elles leur donnaient leur prénom, et finissaient souvent par en faire leurs héritières.

pieuse ; elle a fait placer ce tombeau, de son vivant, pour elle et pour Calpurnia sa *delicata* et son héritière, et elle l'a dédié sous la hache, *sub Ascia.*

Ne pourrait-on pas soupçonner que le mot ÉREDI, mis en petites lettres dans un interligne, a été ajouté après la mort de Calpurnia Severa, c'est-à-dire après que la *delicata* eut hérité de sa bienfaitrice ?

Ce sarcophage, d'une belle conservation, a été trouvé dans les fondemens de l'église de N. D. de la Platière. Il est d'une espèce de pierre appelée Chouin de Fay (*a*), comme presque tous les monumens antiques de ce Musée. On y remarque deux *ascia* en bas-relief très-bien figurées. Cet emblème, que l'on voit plus généralement sur les tombeaux de la Gaule celtique, a été jusqu'ici l'écueil des érudits qui ont cherché à en donner une explication.

---

(*a*) La pierre que l'on tire de Fay, dans le Bugey, est plus blanche et moins veinée que celle que l'on emploie de nos jours à Lyon. Elle reçoit le poli du marbre, et convient très-bien pour les travaux ornés et délicats. Il est fâcheux que la difficulté du transport ait fait abandonner cette carrière si appréciée des anciens. Elle se trouve plus éloignée du Rhône que celle de Villebois, que l'on exploite aujourd'hui.

Menestrier assure, d'après un passage de Vitruve, que cet instrument était la truelle ou la gâche avec laquelle on prenait du mortier pour fonder le monument dont on voulait faire la dédicace. Maffeï differe peu de cette opinion. Dédier *sub ascia*, dit-il, était une cérémonie à-peu-pres semblable à celle que les Etrusques employaient à l'égard de leurs villes, et l'*ascia* désignait que le monument avait été fait ou reblanchi avec de la chaux. Alde Manuce et le pere Monet expliquent l'*ascia* par la loi des douze tables: *rogum ascia ne poleito*, qu'on ne façonne point avec des instrumens le bois du bûcher. Colonna, tout en admettant leurs idées, soutient que l'*ascia* était un instrument de charpentier, et non pas de maçon.

Dom Jacques Martin prétend que les écrivains qui se sont étayés du passage de cette loi, ne l'ont pas compris; il assure que *rogus* veut dire une fosse, et non pas un bucher; il ajoute qu'il était défendu par cette même loi, d'employer aux sépulcres des instrumens de métal; il conclut que l'*ascia* était une houe particulière, propre à remuer la terre. Chorrier, dont Spon partage le sentiment, trouve du rapport entre *ascia* et ἀσχιά, sans ombre. Il infere de-là que cet emblême désigne l'usage où l'on était de placer les tombeaux à découvert. Fabretti veut que l'*ascia* soit un outil destiné à polir les briques propres à construire les tombeaux des gens du peuple; il interprète, ainsi que Mazochi et Lupi, les sigles D. M. par *Deo maximo.* Reinesius imagine que celui qui parle dans l'épitaphe a présidé à la construction du monument, depuis le premier coup de l'*ascia* pour ouvrir le terrain, jusqu'à l'achèvement du tombeau, opéré par l'outil du marbrier. L'abbé Lebeuf affirme que l'*ascia* n'est point une hache, mais une ancre, symbole du repos et de la tranquillité; selon lui, *ascia* est un composé de deux mots celtiques *as sci*, dieu et protection. Mabillon voit dans la hache un instrument de menace contre les profanateurs des sépulcres. Muratori pense que cette formule exprimait l'intention des morts, qui désiraient que leurs tombeaux fussent sarclés et dépouillés de broussailles, afin de les rendre apparens, et de ne rien faire peser sur leurs cendres. Mazochi certifie que cette formule désigne un monument tout neuf, et auquel les ouvriers travaillent encore avec l'*ascia*; son opinion a été adoptée par plusieurs antiquaires célèbres, et entr'autres par M. Mongès, de l'institut. Enfin, un savant respectable, M. l'abbé de Tersan, trouve dans l'*ascia* une sorte de ressemblance avec la forme de la croix. Il pense que c'était là le signe caché des premiers chrétiens, et que les sigles D. M. doivent s'interpréter par *Deo maximo*, selon l'opinion de Fabretti, de Mabillon et de Lupi. (*a*)

Tous ces systèmes sont ingénieux et développés avec beaucoup d'érudition ; néanmoins l'*ascia* demeure encore au milieu des ténèbres, et l'on sent qu'elles ne pourront être dissipées qu'au jour de la découverte d'un monument qui viendra donner le mot de l'énigme. Jusque-là l'on ne peut raisonnablement affirmer qu'une chose, c'est que, dédier *sub ascia* était une cérémonie religieuse, une sorte de consécration qui devait rendre le monument inviolable, à-peu-près comme les pierres sacrées de nos autels, sur lesquelles la croix est gravée, et qu'on ne peut toucher sans commettre une profanation.

---

(*a*) L'*ascia* se trouve constamment seule sur les tombeaux de Lyon, tandis que sur ceux d'Arles elle est presque toujours accompagnée du niveau, emblème de l'égalité chez les morts. D'après cela, nous avions jugé que l'*ascia* devait avoir une valeur hiéroglyphique corrélative. Cette remarque nous avait conduit à un système que nous comptions joindre à la suite de ceux-ci ; mais n'y aurait-il pas eu de la témérité d'ajouter une nouvelle opinion à celles de tant d'hommes illustres, sur-tout après avoir été convaincu par de longues recherches que nos idées ne pouvaient avoir de bases plus solides que celles des savans qui ont traité ce sujet ?

# N.° 3.

....... IMP . L . SEPTIMI
PERTINACIS AVG.
ET M . AVRELI . ANTONINI . CAES
IMPE . DESTINATI . ET
IVLIAE . AVG . MATRIS . CASTROR
TOTIVSQVE . DOMVS . DIVINAE
EORVM . ET . STATV . CCC . AVG . LVG
TAVROBOLIVM . FECERVNT
SEPTICIA . VALERIANA . ET
OPTATIA . SFORA . EX . VOTO
PRAEEVNTE . AELIO . ANTHOSA
SACERDOTE . SACERDOTIA . AEMI
LIA . SECVNDILLA . TIBICINE . FL
RESTITVTO . APPARATORI . VIRE
IO . HERMETIONE
INCOHATVM . EST . SACRVM . IIII
NONAS . MAIAS . CONSVMMA
TVM . NONIS . EISDEM
T . SEXTIO . LATERANO . L . CVSPIO
RVFINO . COS
L D D D

(*a*) Taurobole fait à l'occasion d'un vœu de deux dames lyonnaises, Septicia Valeriana

---

(*a*) On donne communément le nom de ce sacrifice à la pierre qui servait d'autel dans cette cérémonie. Les anciens l'appelaient : *Petra tauroboliœa.*

et Optatia Sfora, pour le succès des armes de Sévère, contre Albin son rival et son compétiteur à l'empire.

Les noms du prêtre, de la prêtresse, du victimaire, du joueur de flûte ; le temps et le consulat sous lequel ce sacrifice a été consommé : tout est spécifié dans cette inscription. Le vœu de Septicia et de Valeriana paraît d'autant plus singulier, qu'il fut fait dans un moment où les Lyonnais en général avaient pris parti pour Albin, dont la défaite entraîna la ruine de leur ville.

Les parties latérales de cet autel taurobolique ont été piquées : on y distingue pourtant les traces d'une tête de taureau, d'une tête de belier, et l'indication de la *harpè*, couteau victimaire.

Le sacrifice du taurobole était une espèce de baptême de sang, que les païens instituèrent, dit-on, à l'imitation de notre baptême d'eau (*a*). On creusait dans la terre une fosse profonde que l'on couvrait de planches percées en plusieurs endroits ; puis on immolait un taureau sur cette sorte de pont ; un prêtre descendait dans la fosse, et recevait sur son visage et sur ses habits, le sang tout fumant de la

---

(*a*) *TAVROBOLIO. IN. ÆTERNVM. RENATVS.* Gruter, Inscript.

victime.

victime. Après le sacrifice, il s'exposait dans cet état à la vénération du peuple qui le regardait comme un homme extraordinaire et sanctifié au moins pour vingt ans.

Ce monument remarquable a été donné par M. Dutilleu. Nous espérons posséder une inscription connue, faite en l'honneur d'Albin ; placée au dessus de cet autel, elle offrira aux curieux un rapprochement piquant et digne de leur attention.

---

## N.° 4.

. . . . . . . . . . .
. . OS . FVNCTO . . .
. . OTI . AD . TEMP .
. . G . AD . CON . .
. . ARIS . ET . RHO . .
. . NI . . . . . . . . .

Ce fragment d'inscription, que nous devons également à M. Dutilleu, concerne un grand personnage de Lyon, prêtre du temple d'Auguste. Il fallait avoir passé par tous les honneurs et par toutes les charges de son pays, pour parvenir à ce sacerdoce. Tibère, qui l'institua, voulut en être revêtu, ainsi que les princes ses successeurs. La situation du temple d'Auguste est ici désignée au confluent du Rhône et de la Saône, dans l'emplacement où se trouve aujourd'hui l'église d'Ainai.

La forme des lettres gravées sur cette pierre indique que l'inscription se rapporte au meilleur temps de la latinité.

---

## N.º 5.

D M

ET MEMORIAE
AEMILIAE . HONO
RATAE . QVAE . VIXIT
ANNIS . XIII
MENSES . II . DIE . V
P . SEXTILI . SECVNDI
EMERITVS . DATE
RATVS . FILIASTRAE
SVAE
ET . MANILIVS . QVIN
TINVS . MIL . COH
XIII . VRB . FRATER
SORORI KARISS
ET MERIT . SVB ASC
FACIENDVM CVRAVE
RVNT

P. Sextilus Secundus, vétéran, et Manilius Quintinius, soldat de la 13.$^{me}$ cohorte dite *urbana* (*a*), ont fait construire ce monument pour Emilia Honorata, morte à l'âge de 18 ans deux mois et cinq jours. Elle était belle-fille du vétéran, et sœur du soldat de la 13.me cohorte de la ville.

Auguste institua des troupes *urbaines* : elles étaient casernées dans les villes, et servaient à leur défense.

Ce cippe (*b*) était sur la terrasse de la bibliothèque.

---

## N.o 6.

ET . MEM . AET
VIVENTIS
PRIMITIVIAE . MER
CATILLAE SIVERI
MASTICHI ET
M . PRIMITIVI
MERCATORIS QV.
VIX ANN III . M . XI . D . X
M . MATERNIVS PRIMI
TIVS PATER FECIT
ET SVB . ASC . DED

---

(*a*) Cette 13.me cohorte dite *urbana*, était celle à qui la garde de la ville de Lyon était confiée. Elle était composée en grande partie d'*Emérites* ou vétérans à qui l'on distribuait des terres en récompense des services qu'ils avaient rendus.

(*b*) Les cippes étaient des pierres carrées que l'on plaçait sur les lieux de sépulture, pour conserver la mémoire des morts.

Autel consacré à la mémoire de V. Primitivia Mercatilla, âgée de 3 ans, par son père M. Maternius Primitius.

Le dessus de cet autel offre un creux profond, qui paraît avoir servi à contenir les charbons ardens nécessaires aux sacrifices. On le voyait autrefois dans les murs de l'église de St. Laurent.

---

## N.° 7.

C. CATVL..
DECIMI
TVTI CATVLLII.
TRICASSIN. OM..
HONORIB. APVD..
OS. FVNCT: SAC..
AD TEMPL. ROM.
(a) AVGG.. III PROV. G
T R

Caïus Catulus Decimius, personnage illustre de la ville de Troye en Champagne, après

---

(a) Nous soupçonnons qu'il y a eu un G d'effacé à la sigle AVGG.. ce qui fixerait l'époque de ce monument au temps des trois Augustes, c'est-à-dire sous Sévère, ou Carus, qui avaient associé leurs enfans à l'empire.

avoir été honoré des premières dignités, dans sa patrie, fut fait prêtre du temple d'Auguste à Lyon, et les trois provinces de la Gaule lui élevèrent ce monument. Avant la révolution, cette pierre servait de base à une croix gothique élevée sur la place de Saint-Saturnin. Elle a dû, dans le principe, faire partie d'une inscription plus considérable, et les deux grandes lettres que tous les historiens de Lyon ont interprétées par *titulus restitutus*, monument rétabli, ne sont qu'une répétition de ces mots déjà exprimés dans la ligne précédente : *tres provinciæ Galliæ*, les trois provinces de la Gaule. On en peut juger par la manière dont cette inscription est représentée dans Grutter. (*a*)

---

(*a*) C . CATVLIO<br>
DECIMIO<br>
TVTI CATVLLII . FIL<br>
TRICASSIN OMNIB<br>
HONORIB . APVD SV<br>
OS . FVNC . SACERD<br>
AD TEMPL . ROM . ET<br>
AVG III PROV . GALL<br>
T . R . E . S . P . R

IVNI<br>
DOMITIO<br>
VXORI<br>
CATVLI<br>
DECIMIN

N.° 8. ( *Inédite.* )

D . M .

ET MEMORIAE
AETERNAE
L . SECVNDI FRV
ENDI IVVENIS
OPTIMI QVI VIXIT
ANN . XXII . M . I . D . VII
L . SECVND . RESO
LIB . PROBISSIMO
PONEND . CVRA
VIT ET SVB ASC
DEDICAVIT

Epitaphe de L. Secundus Fruendus, affranchi, mort à 22 ans. Secundus Reso, bienfaiteur de ce jeune homme, lui donne ici les épithètes de très-excellent et de très-probe. On trouve souvent dans les monumens antiques les prénoms de Primus, Secundus, Tertius, Quartus, Quintus, Sextus, etc. . . . ainsi que ceux de Januarius, de Marcus, de Junius, d'Augustus, etc. . . ce qui indique ordinairement, né le premier, le second, etc. . . dans tel ou tel mois.

Ce cippe, qui a été trouvé à 25 pieds de profondeur dans les fondemens de l'église de St. Etienne, a été donné au Musée par M. Cochard, savant archiviste de ce département, et conseiller de préfecture, qui s'occupe du soin d'enrichir l'histoire de son pays par ses profondes recherches et par son zèle infatigable.

## N.° 9. Taurobole.

TAVROBOLIO MATRIS D . M . ID
QVOD FACTVM EST EX IMPERIO MATRIS . D
DEVM
PRO SALVTE IMPERATORIS CAES . T . AELI
HADRIANI ANTONINI AVG . PII . PP
LIBERORVMQVE EIVS
ET STATVS COLONIAE LVGVDVN
L . AEMILIVS CARPVS IIIII VIR AVG . ITEM
DENDROPHORVS
VIRES EXCEPIT ET A VATICANO TRANS
TVLIT ARA . ET BVCRANIVM
SVO INPENDIO CONSACRAVIT
SACERDOTE
Q . SAMMIO . SECVNDO . AB XV . VIRIS
OCCABO ET CORONA EXORNATO
CVI SANCTISSIMVS ORDO LVGVDVNENS
PERPETVITATEM SACERDOTI DECREVIT
APP . ANNIO . ATILIO BRADVA . T . CLOD . VIBIO
VARO COS
L . D . D . D

Antonin le pieux étant malade, les habitans de Lyon firent un sacrifice à la mère des dieux pour obtenir le rétablissement de la santé de l'empereur. L. Emilius Carpus, sevir augustal (*a*),

(*a*) Les Sevirs augustaux étaient les six plus anciens prêtres parmi les vingt-un que Tibère ins-

fit la cérémonie et consacra l'autel à ses dépens, sous le sacerdoce de Q. Sammius Secundus, déclaré pontife perpétuel par le *tres-saint ordre* de Lyon, l'an 160 de notre ère.

L'empereur mourut peu de temps après ce sacrifice.

L'autel taurobolique de Lyon est dans ce genre un des monumens les plus curieux et les mieux conservés. On remarque dans sa partie supérieure, de même que sur la plupart de nos autels antiques, la place du bassin où l'on mettait les entrailles de la victime. Au milieu de l'inscription est représentée la tête du taureau victimé, ornée de bandelettes sacrées. Sur les parties latérales sont la tête du belier qui fut joint au sacrifice, et la *harpè*, couteau victimaire, au haut de laquelle on lit l'heure et le jour du mois où cette cérémonie fut faite : (CVIVS MESONYCTIVM FACTVM EST V. ID. DEC.) c'est-à-dire le 9 décembre, à l'heure de minuit.

Ce monument remarquable fut trouvé en 1705, près de l'église de Fourvières. M. Gaultier-du-Sel en fit hommage au corps des échevins. Il

---

titua en l'honneur d'Auguste. La marque de cette dignité se rencontre souvent sur les monumens de Lyon ; elle est indiquée par cette sigle IIIIII.

était placé à l'hôtel de ville, dans la salle connue sous le nom d'Henri IV.

---

## N.° 10.

### D. M.

AEMILI . VENVSTI . MIL
LEG . XXXV . P . F . INTERFE
CTI . AEMILI . GAIVS ET
VENVSTA . FIL . ET AEMI
LIA AFRODISIA . LI
BERTA MATER EOR
VM . INFELICISSIMA
PONENDVM CVRAVIT
ET SIBI VIVI . FECER . ET SVB
ASCIA DEDICAVER . ADI
TVS . LIBER EXCEPTVS EST
LIBRARIVS . EIVSD . LEG

Emilia Afrodisia, mère très-malheureuse, et ses enfans ont érigé cet autel aux mânes d'Emilius Venustus, soldat, scribe de la 30.$^{me}$ légion pieuse, fidelle, tué dans les combats; ils l'ont aussi fait faire pour eux de leur vivant, et l'ont dédié *sub ascia*. Le titre de *librarius*, scribe, avait sans doute été oublié; on voit qu'il a été ajouté après coup sur le plinthe du monument.

L'inscription témoigne qu'on s'est réservé le libre accès du tombeau de Venustus, et les caractères qui y sont gravés offrent beaucoup de ligatures.

N.° 11. (*Inédite.*)

. . . . . . . . . . .

. . . . . . . . .

DIS

CVNCTIS

. . . . . . . . .

à tous les Dieux.

Cette formule insolite dans les recueils d'inscriptions, rend celle-ci assez curieuse, et quoiqu'elle soit presque semblable à celles que l'on trouve communément, DIS OMNIBVS, à tous les Dieux, elle est susceptible d'un sens plus particulier et plus restreint. M. Gardin Duménil, sur ce vers de Virgile :

> . . . . . Cuncti simul ore fremebant
> Dardanidæ, etc.

fait remarquer que si le poëte avait voulu parler de *tous* les Troyens qui étaient dans *tout* le monde, il n'aurait pas dit *cuncti*, mais *omnes* (*a*). D'après cette observation on pourrait croire qu'ici il est spécialement question des dieux du pays.

Cette pierre est un fragment d'autel où peut-être on lisait sur la partie qui manque, ou sur celle qui paraît avoir été piquée, le nom de celui qui en avait fait la dédicace.

Nous la devons aux soins de M. Cochard,

---

(*a*) Voy. Synon. latins, au mot *Cunctus*.

qui la fit retirer des fondemens de l'église de St. Etienne.

## N.º 12.

L. HELVIO. L. FILIO
VOLTIN . FRVGI
CVRATORI . NAV
IARVM . BIS $\overline{II}$ VIR
VIENNENSIVM
PATRONO RHO
DANIC . ET ARAR
$\overline{N}$ RHOD ET ARAR
. . . . . . . . . .

Le surnom d'homme modéré a été ici décerné à un intendant des ports du Rhône et de la Saône, appelé Lucius Helvius, de la tribu Voltinia, la dixième de Rome; il fut en même temps deux fois *duumvir* ( consul ) de Vienne. M. Champollion de Figeac, dans son savant ouvrage sur les antiquités de Grenoble, fait mention d'une inscription nouvellement découverte, où il est question d'un P. Helvius Masso, Décurion de Vienne, qui était vraisemblablement de la même famille. Cet auteur parle également de la tribu Voltinia; il prouve que les habitans de Grenoble et les Gaulois que Rome voulut s'attacher, eurent l'honneur d'être inscrits dans cette tribu. (*a*)

---

(*a*) Antiquités de Grenoble, pages 74 et 97.

L'épitaphe de notre Helvius, gravée sur les deux faces de cette pierre, semble indiquer qu'elle avait été placée isolément dans un lieu public, et peut-être sur quelque port de ces deux rivières, par les nautoniers sensibles à la perte de leur maître.

On doit aussi cette inscription aux soins de M. Cochard, et au zèle de feu M. de Puzy, préfet de Lyon, qui la fit acheter pour le Musée.

---

## N.° 13.

SEX LIGVRIVS . SEX FIL
GALERIA . MARINVS
SVMMVS . CVRATOR . C . R .
PROV . LVG . Q . II . VIRALIB
ORNAMENTIS . SVFFRAG
SANCT . ORDINIS . HONO
RATVS . DVVMVIR . DESIGNATVS
EX . POSTVLO . POPVLI . OB . HONO
REM . PERPETVI . PONTIF . DAT
CVIVS . DONI . DEDICATIONE . DE
CVRIONIB . XV . ORDINI . EQVES
TRI . IIIIII VIRIS AVG . NEGOTIATO
RIB . VINEARIS . XIII ET . OMNIB . COR
PORIB . LVG . LICITE . COEVNTIBVS XII
ITEM . LVDOS . CIRCENCES DEDIT L . D . D . D (*a*)

---

(*a*) Ce monument a été figuré dans la description de la mosaïque de Lyon, représentant des jeux du cirque, pag. 10.

L'inscription de Ligurius, une des plus importantes de cette ville, a été expliquée par tous les historiens de Lyon ; mais il appartenait au savant M. Millin d'en donner une traduction plus satisfaisante et plus précise que celles des antiquaires qui en avaient parlé avant lui (*a*). Ce qui donne un intérêt particulier à ce monument, c'est qu'il nous fait connaître plusieurs ordres et plusieurs corporations établies dans cette ville à l'époque où il fut érigé. Il nous apprend, 1.° que Ligurius, déjà honoré de plusieurs dignités, après avoir obtenu le souverain pontificat, à la demande du peuple de Lyon, voulut lui témoigner sa reconnaissance par des jeux du cirque, spectacle favori des anciens ; 2.° qu'il paya le tribut d'usage dans ces sortes de promotions, c'est-à-dire qu'il donna aux sénateurs 15 deniers ; à l'ordre équestre, aux prêtres d'Auguste, aux mar-

---

(*a*) Lyon a été décrit récemment par M. Millin qui lui a consacré plusieurs chapitres dans son ouvrage sur le midi de la France. Ce savant a donné l'explication de la plus grande partie de nos inscriptions. Les amateurs et les curieux qui désireraient s'instruire sur tous les objets des sciences et des arts que renferme notre ville, doivent se procurer cet intéressant ouvrage qui joint les charmes du style aux avantages de l'érudition.

chands de vin, 13 deniers ; et à toutes les corporations assemblées, 12 deniers.

Cette inscription remarquable se voyait autrefois dans le vestibule, *Narthex* (*a*), de l'église de St. Etienne.

---

N.° 14. ( *Inédite.* )

APOLLINI
SANCTO
IVLIVS . SILVA
NVS . MELANIO
PROC . AVG
V . S

à Apollon saint.

Julius Silvanus Melanio, receveur augustal, a accompli le vœu qu'il lui avait fait.

M. Macors, connu par son obligeance et par son amour pour les arts, s'est empressé de donner cet autel si bien conservé, qu'il avait placé devant sa mosaïque des jeux du cirque.

---

(*a*) Le *Narthex*, lieu où se tenaient les pénitens indignes d'entrer dans l'église.

## N.° 15.

### D. M.

EL MEMORIAE . AETERN
VITALINI . FELICIS . VET . LEG
M . HOMINI . SAPIENTISSIM .
ET FIDELISSIMO . NEGOTIA .
RI LVGDVNENSI . ARTIS CAR
TARIAE QVI VIXIT ANNIS L
VIIII M . V . D . X . NATVS EST DIE
MARTIS DIEMARTIS PROF . .
TVS . DIE . MARTIS MISSIONE
PERCEPIT DIE . MARTIS DEL
ICTVS EST FACIENDVM . C
VITALIN . FELICISSIMVS FI
LIVS . ET IVLIA NICE CON
IVNX ET SVB ASCIA DEDI
CAVERVNT

Après avoir servi long-temps dans la légion Minervienne, Vitalinus Félix s'établit marchand de papier à Lyon, et s'y distingua par une extrême probité. Il mourut âgé de cinquante-neuf ans. Son fils et son épouse Julia Nicé, en consacrant ce monument à sa mémoire, ont pris soin de faire remarquer ici un rapport singulier entre les principaux événemens de la vie de ce personnage. Il naquit le jour de mars (le mardi), il partit pour la guerre le jour de mars, il obtint son congé le jour de mars, et il mourut le jour de mars.

Ce cippe était à l'Hôtel de ville.

## N.° 16.

MEMORIAE . ETERNAE . EXOMNI
PATERNIANI . QVONDAM (a) CENTVRI
ONIS . LEGIONARI . IDEM . Q . MEMORI
AE . DVLCISSIMAE . QVONDAM . PA
TERNIAE . PATERNIANE . FILIAE . EIVS
TERTINIA . VICTORINA
MATER . INFELICISSIMA . MARITO
ET . FILIAE
ET . PATERNIA . VICTORINA
PATRI . ET . SORORI
PONENDVM . CVRAVIT . ET . SVB
ASCIA . DEDICAVERVNT

ΧΑΙΡΕ . ΒΕΝΑΓΙ
ΧΑΙΡΕ . ΕΥΨΥΧΙ

ΥΓΙΑΙΝΕ . ΒΕΝ
ΥΓΙΑΙΝΕ . ΕΥΨ

A la mémoire éternelle d'Exomnius Paternianus, Centurion légionnaire. Pareillement à la mémoire de sa fille bien-aimée Paternia Paterniana.

Tertinia Victorina, mère très-malheureuse, à son mari et à sa fille, et Paternia Victorina à son père et à sa sœur; cette dernière a eu le soin de placer ce tombeau, et toutes deux l'ont dédié *sub ascia.*

On lit aux deux extrémités de la tessère qui renferme l'inscription, ces mots gravés en caractères grecs :

ΧΑΙΡΕ . ΒΕΝΑΓΙ . ΧΑΙΡΕ . ΕΥΨΥΧΙ
et ΥΓΙΑΙΝΕ . ΒΕΝΑΓΙ . ΥΓΙΑΙΝΕ . ΕΥΨΥΧΙ

*Adieu, bonne ame, sois heureuse.*

---

(a) L'expression *quondam* nous paraît répondre à celle-ci : *de son vivant*, ou *qui fut.*

Sorte

Sorte de formule tumulaire que les Egyptiens mettaient sur les capsules de leurs momies (*a*), et qui peut se comparer à l'*ultimum vale* des Romains, et au *requiescat in pace* des Chrétiens.

Ce tombeau servait de réservoir dans le jardin du presbytère de St-Irenée ; il a été récemment le sujet d'une dissertation très-savante, faite par M. Mongès, membre de l'Institut, et directeur de la monnaie de Paris. M. le Maire de Lyon a fait extraire ce monument aussi remarquable par son inscription que par sa dimension extraordinaire.

Paradin, Menestrier, Grutter et M. Mongès ont publié l'inscription d'un sarcophage qui doit avoir appartenu à la femme d'E. Paternianus (*b*); on y trouve également les noms de *Tertinia Victorina*, de *Paternia Victorina*, et àp-eu-près la même formule grecque de ΚΑΙΡΕ et d'ΥΓΕΙΑΝΕ,

---

(*a*) Kircher *Sphinx*, *Mystagoga*, pag. 14, 15 et 16.

(*b*) MEMORIAE, PERENNI. QUIAETI. AETERNAE
TERTINIAE. VICTORINAE. FEMINAE
RARISSIMAE. STOLATAE. QVONDAM
SPIRITO. INCOMPARABILI. TERTINIVS
SEVERIANVS ⦗ LEG. II. AVG. CVM. PATERNIA
VICTORINA. ET. TERNIA. TERTINA. FILIS
ET. S. AS. D

ΚΑΙΡΕ NIKACI — ΥΓΕΙΑΝΕ NIKACI

dans les tenons de la tessère. Il serait à désirer qu'on retrouvât ce tombeau, pour le placer à côté de celui-ci.

Menestrier dit que ce monument perdu fut découvert dans l'enclos des Récollets de Bellegrève ; il pense que c'était là la demeure de Tertinius, chef de la 2.e légion d'Auguste.

---

## N.o 17.

Ce fragment mutilé semble avoir appartenu à la couverture d'un tombeau, dont Menestrier a donné la figure dans son histoire de Lyon, pag. 39. D'après la gravure de ce monument on regrette de ne pas le posséder tout entier. Le sujet en est gracieux. Ce sont des enfans ou génies occupés à ramasser des fruits. Les uns, montés sur des ceps, cueillent des raisins, tandis que d'autres guident le char de la vendange traîné par des bœufs.

Ce fragment était dans les murs des Cordeliers de l'Observance.

---

N.° 18. (*Inédite.*)

DEO . SILVANO
AVG
TI . . CI . . YRES . (1)
TVSCI . . . . . VIC
CARO . . . . . VO
ARAM . ET . SIG
NVM . INTER
DVOS . ARBO
RES . CVM . AE
DICVLA . EX . VO
TO POSVIT

Bien que les caractères gravés sur cet autel soient extrêmement frustes, on peut encore les déchiffrer. Le temps a fait disparaître le nom de celui qui éleva ce petit monument. On y découvre que ce pieux personnage, pour accomplir le vœu qu'il avait fait au dieu Silvain, édifia une petite chapelle qu'il plaça entre deux arbres, ainsi que l'autel et l'image de cette divinité.

Cette pierre a été tirée récemment de la rue de Trion, où elle servait de seuil à une porte.

---

(1) Nous soupçonnons que dans la troisième ligne de cette inscription, il y a TIB . CINYRES ; dans la quatrième, TVSCIAE ou TVSCIANVS ; dans la cinquième, CARO . RIVO.

## N.o 19.

TATIO : : : ' IF . PRAEFEC — CIVI . . . .
COLONIAE . ACTORI . PVBLIC — SAC . . .
II . VIRO . AB . AERARIO . ITEM — AD . A . . .
II . VIRO . A . IVRE . DICVNDO
FLAMINI . AVGVSTALI . CVI — F. . . .
DIVVS . AVREL . ANTONINVS — CRES . . .
CENTENARIAM . PROCVRATIO — SEN . . .
PROV. HADRYMETINAE. DEDIT
SACERDOTI . AD.ARAM. CAES.N — M . . . .
T
. . . . . . . . . . . . . . . .

Tatius tenait à Lyon le rang le plus distingué : après avoir été gouverneur d'une province d'Afrique, il fut préfet de la Gaule lyonnaise, intendant des domaines, trésorier de la colonie, juge et prêtre au temple d'Auguste.

Cette pierre contient une autre inscription brisée qui ne peut être interprétée.

Elle a été donnée par M. Dutilleu, et tirée de son jardin de la rue Masson.

## N.° 20.

D M

ATILIAE . VERVLAE
SEX. ATILI. SABINI. FILIAE
DECVRIONIS . VOCONTIO
RVM
T. AVFILIENVS. PROBVS
EVOCATVS
CONIVGI . SANCTISSIMAE

Titus Aufilienus Probus *evocatus* (a) a élevé ce monument aux mânes d'Atilia Verula son épouse très - pieuse , fille de Sextus Atilus Sabinus, Décurion des *Voconces* , c'est-à-dire membre de la Décurie ou du Sénat municipal chez les peuples aux environs de Die.

Ce grand cippe provient du quartier de St-Just ; il était adossé contre les murailles extérieures de l'église paroissiale.

---

## N.° 21.

Masque tragique (b) qui a dû servir autrefois à décorer la face extérieure de quelque théâtre. Il a été donné au Musée par feue M.me Vial, qui l'avait fait placer au-dessus de la porte de sa

---

(a) Qui servait volontairement.

(b) Il n'a aucun rapport avec l'inscription qui lui sert de base.

maison de campagne, située dans le quartier dit des Massues, lieu où il fut découvert. On remarque dans cette tête ce caractère imposant que les anciens ont su si bien imprimer à tout ce qu'ils ont fait de colossal.

---

N.° 22. (*Inédite.*)

. . ORI . LICINI . . . .
. . GINTI . ANNO . . . .
. . S SACERD . . . .
. . . RERE P . . .
. . . VINCIAE
. . . TORI . LEMO . . .

Ce n'est là qu'une partie d'une inscription considérable qui ne peut présenter un sens complet. Nous soupçonnons cependant qu'il est ici question d'un certain Victor Licinius qui a vécu, ou qui a exercé quelque charge, pendant vingt ans; qu'il était prêtre de Cérès, natif ou gouverneur de la Gaule aquitanique (*a*) et des trois provinces lyonnaises.

M. Tinner a fait hommage au Musée de cet énorme fragment. Les lettres onciales qui y sont gravées, sont du meilleur temps de l'antiquité. Il a été trouvé récemment dans les fondations de l'église de Ste. Croix. (*b*)

---

(*a*) Le Limousin.

(*b*) Cette église, ainsi que celle de St. Etienne,

N.º 23. ( *Inédite.* )

HAVE . MODII

HAVE . GEMINA

DIIS . MANIB

ET . MEMORIAE

SEPTICIAE . GEMINIAE

FEMINAE . SANCTISS

VNIVS . Q . MARITA

I . MODIVS . ANNIANVS

CONIVGI . KARISSIMÆ

SVI . Q . AMANTISSIMÆ

QVAE . VIXIT . CVM . EO

IN . MATRIMONIO

ANNIS . XXX

ET . SIBI . VIVVS . FECIT

AMICE . LVDE . IOCA

RE VENI

Cette inscription curieuse n'a pas encore été publiée ; nous croyons devoir la traduire en entier :

Salut, ô Modius !
Salut, ô Gemina !

Aux mânes et à la mémoire de Septicia Gemina, femme très-fidelle, et épouse d'un seul mari.

---

étaient des plus anciennes de Lyon. On a trouvé dans leurs fondemens beaucoup de vestiges d'antiquités.

Julius Annianus à sa femme chérie et qui l'aimait tendrement. Elle a vécu avec lui, dans le mariage, pendant trente ans. Il a fait faire ce monument pour elle et pour lui, de son vivant.

Ami, joue, divertis-toi et viens.

Cette apostrophe singulière doit s'adresser au mari de Gemina ou aux passans. Les anciens n'avaient pas les mêmes idées que nous sur la mort. Leurs tombeaux offrent généralement des expressions gaies ou des sujets gracieux.

M. Dupré, propriétaire à Champvert, a bien voulu céder ce cippe intéressant, qui faisait un des ornemens de son jardin.

---

## N.° 24.

La richesse, la grandeur et la conservation de ce sarcophage, en font une des pièces capitales du Musée. Il est en marbre grec statuaire, et doit avoir contenu le corps des deux époux qui se trouvent représentés aux extrémités du monument. Le mari était sans doute un militaire dans les hauts grades. Des trophées composés de haches d'armes ou bipennes et de boucliers, décorent les parties latérales. La face antérieure est ornée de *strigiles* ou cannelures torses, au centre desquelles est figuré un vase lacrymatoire.

Le style de sculpture, l'espèce de colombe mutilée placée tout près du militaire, nous portent à croire que ce tombeau a appartenu à des chrétiens. Les figures offrent encore un reste des bons principes de l'art, et les draperies sont d'un jet assez heureux.

Ce sarcophage servait de réservoir dans le jardin de M. Tinner, à Ste-Marie des chaînes; il est dû au zèle de M. d'Herbouville. Nous avons lieu de croire que c'est un des quatre tombeaux qui furent envoyés d'Arles au frère du Cardinal de Richelieu, archevêque de Lyon.

Il y a environ quatre ans que l'on voyait encore dans la cour de Ste-Marie-des-chaînes deux superbes tombeaux en marbre que l'on a fait disparaître. Nous venions de les dessiner au moment où ils furent enlevés. L'un était un peu fruste, et semblait représenter l'apothéose de Castor et Pollux; l'autre, d'une conservation parfaite, était orné sur le devant de cannelures *strigiles*; et chacune des deux extrémités présentait une tête de lion de grandeur naturelle, tenant un gros anneau entre ses dents.

Ce sarcophage, celui du militaire que nous avons décrit, celui que possède M.[lle] de Labalmondiere, représentant la chasse de Méléagre (*a*), et celui du château de la Tourrette, qui appartenait autrefois à Ste-Marie-des-chaînes, doivent être les quatre tombeaux venus d'Arles.

---

N.° 25. (*Inédite.*)

. . . . . . . . .
PROCVRATORI . PATRIMONI
PROCVRATORI . MONETAE
PROMAGISTRO . HEREDITATIVM
Q. MARCIVS, DONATIANVS, EQVES
CORNICVLARIVS EIVS

Il est à regretter que cette inscription ne soit pas entière. Elle fait mention d'un personnage important dont le nom doit se trouver sur la partie qui manque. Il était *procurateur* du patrimoine (*b*), *procurateur* de la monnoie, intendant des héritages (*c*), ce qui doit s'entendre de la recette des deniers du fisc.

---

(*a*) Ce tombeau appartenait auparavant à M. de Jouy, qui le dégrada en voulant le faire regratter.

(*b*) Intendant et receveur des domaines de l'Empereur.

(*c*) Plusieurs inscriptions font mention du vingtième qu'on prélevait sur les héritages.

Quintus Marcus Donatianus, chevalier Corniculaire du personnage illustre dont nous parlons, lui a élevé ce monument. Les titres qu'il se donne font présumer que son maître était tribun militaire (*a*) de la colonie lyonnaise.

Quoique le titre de *cornicularius* ait plusieurs acceptions, il doit désigner ici un de ces officiers de guerre qui soulageaient les tribuns dans l'exercice de leur charge. Ils faisaient les rondes, visitaient les corps-de-garde, et étaient à-peu-près ce que sont les lieutenans ou aides-majors dans nos bataillons. Le nom de corniculaires leur fut donné parce qu'ils avaient un petit cor, *corniculum*, dont ils se servaient pour communiquer les ordres aux soldats.

Ce fragment a été trouvé sur les rives de la Saône, au bas du quai des Célestins ; le reste sera peut-être facile à découvrir. Un anneau qu'on y avait fixé pour attacher les grandes barques, a été la cause de la ruine de ce cippe dont nous n'avons qu'une moitié. Il est dû aux soins de M. Mongès-la-Roche.

---

(*a*) Que l'on nommerait aujourd'hui colonel ou général de division.

## N.º 26.

TIB . ANTISTIO . FAVS
TI . FIL . QVIRINA . MARCI
ANO . DOMO . CIRCINA
PRAEF . COH . II . HISPANAE
TRIB . LEG . XV . APOLLINARIS (a)
PIAE . FIDELIS . PRAEFECTO . A
LAE . SVLPICIANAE . C . R . SECVN
DVM . MANDATA . IMPP . DO
MINOR . NN . AVGG . INTE
GERRIM . ABSTINENTISSIMO
QVE . PROCVR . TRES . PROVINC
GALLIAE . PRIMO . VNQVAM
EQ . R . A . CENSIBVS . ACCIPI
ENDIS . AD . ARAM . CAESA
RVM . STATVAM . EQVESTREM
PONENDAM . CENSVE
RVNT

« A Tiberius Antistius, fils de Faustus, de » la tribu Quirina, d'une origine circeïenne, » préfet de la seconde cohorte espagnole, tribun » de la quinzième légion Apollinaire, pieuse, » fidelle, de l'aile sulpicienne, composée de » citoyens Romains, receveur très-intègre et » très-désintéressé, établi par ordre des Empe- » reurs, nos augustes maîtres, le premier » chevalier romain chargé de la recette des » cens, auprès de l'autel des Césars; les trois

---

(a) Cette légion avait son quartier à Satala, dans l'Asie mineure.

» provinces des Gaules ont arrêté de lui élever » une statue équestre. » (*a*)

Si le nom d'Antistius fut si cher aux anciens Lyonnais, ceux d'aujourd'hui ne verront pas ce monument sans intérêt; il atteste que le sentiment de la reconnaissance a toujours été inhérent à leur cœur, et qu'ils ont constamment chéri les princes et les magistrats qui les ont gouvernés avec sagesse et modération.

Cette inscription a été le sujet d'une savante dissertation faite par un Lyonnais que ses libéralités rappellent également à la reconnaissance publique. Feu M. Adamoli pense que cette pierre a dû faire partie de la base qui supportait la statue équestre de T. Antistius, que l'on présume être dans la Saône. (*b*)

Depuis long-temps ce bloc énorme servait de soutien à la voûte d'une cave d'une maison située rue Luizerne. Le zèle de M. Dumarest-de-Chassagni, propriétaire de cette maison, n'a point été rebuté par la difficulté que présentait l'extraction de cette pierre. Il a bien voulu la donner au Musée, à la demande de M. Fay de Sathonnay.

---

(*a*) Voyez Adamoli, pag. 2; et M. Millin, Voyage dans le midi de la France, tome 1.er, page 445.

(*b*) Voyez le n.° XIV.

## N.° 27.

C . SALVI . MERCVRI
IIIIII . VIRI . AVG . LVGVD
IN . SVO . SIBI . POSITVS (*a*)
LIBERI . SVPERSTITES . P . C

A la mémoire de Caïus Salvus Mercurius, sevir augustal de Lyon, enterré dans son propre champ. Ses enfans ont pris soin de placer ce tombeau.

Le mot *lugudunensis* pour *lugdunensis*, se rencontre rarement et ne se voit que sur nos monumens les plus anciens (*b*). M. l'abbé Caille, ami des arts, a bien voulu céder ce sarcophage qui était dans le jardin de sa maison située à Fourvières. S. S. Pie VII remarqua ce monument avec intérêt, lorsqu'elle traversa ce jardin pour aller sur la terrasse répandre ses bénédictions sur toute la ville.

---

(*a*) Il faudrait *positi* au lieu de *positus*.

(*b*) Sur les médailles d'Antoine, sur les tables de Claude, etc.

N.° 28.

D M

Q . CAPITONI . PROBANI
SENIORIS . DOMO . ROM
IIIIII . VIR . AVG . LVGVDVN
ET . PVTEOLIS
NAVICLARIO . MARINO
(*a*) NEREVS . ET . PALAEMON
LIBERTI . PATRONO
QVOD . SIBI . VIVVS . INSTI
TVIT . POSTERISQ . SVIS
ET . SVB . ASCIA . DEDICAV

Aux mânes de Quintus Capitonus Probanus Senior (*b*), d'une origine romaine, sevir augustal de Lyon et de Pouzzol. Les affranchis Nereus et Palæmon ont élevé à leur maître, chef de navire, ce monument qu'il a ordonné de son vivant, pour lui et pour ses descendans, et ils l'ont dedié *sub ascia.*

Maffei est le premier qui ait donné le sens de cette inscription dans ses *Galliæ Antiquitates.* Il interprète l'abréviation de la dernière ligne par *sub ascia dedicavitque :* nous pensons qu'il serait mieux de mettre *dedicaverunt*,

---

(*a*) Maffei a mis *Nerius* pour *Nereus.*

(*b*) *Senior* peut se prendre ici pour un surnom, c'est-à-dire l'*ancien.*

comme on le trouve dans quelques inscriptions, et entr'autres dans celle d'E. Paternianus, n.° 16, où l'on voit *ponendum curavit et sub ascia dedicaverunt*. De cette manière le sens paraît plus juste. Le mot *instituit* peut se rapporter au monument que Capitonus a ordonné ou commencé de son vivant, et *dedicaverunt* aux affranchis qui l'ont dédié après sa mort, ce qui indiquerait qu'il mourut avant que le cippe fût achevé.

Maffei rapporte que cette pierre fut trouvée sur les bords du Rhône. Elle servait dernièrement de base à une croix placée à l'extrémité du faubourg de la Guillotière, et c'est avec beaucoup de peine qu'on est parvenu à la transporter ici. Ce bloc énorme a 7 pieds 10 pouces de hauteur, et pèse 12,600 liv. Sur l'invitation de M. d'Herbouville, M. Puy, maire de la Guillotière, l'a cédé à la ville de Lyon.

---

## N.° 29.

PERPETVAE . SECVRITATI . LIB . . . .

| D M | D M | D M |
|---|---|---|
| C . CLAVD | C . CLAVD | CLAVDIAE |
| LIBERALIS | : : . . FIL | C . FIL . PI . . .<br>ANIMAE |
| ET . LIVIAE | . . . . . C | DVLCISSIMAE |
| IANTHES | . . . . | VIXIT . AN . XVII |
| CL . TRAIA | . . . COS | M . X . D . X . C . CL<br>TRAIANVS |
| NVS . FIL | . . . . . . | PATER . FILIAE |
| PARENTIBVS | F TI | PIISSIMAE |

Les inscriptions de trois personnages de la famille Claudia sont gravées sur cette pierre : La première est consacrée aux mânes de Claudius Liberalis et de Livia Iantès, par Claudius Trajanus leur fils ; la seconde, aux mânes de Caïus Claudius fils ; et la troisième, aux mânes de Claudia Caïa, morte à 17 ans 10 mois et 10 jours, par son père Caïus Claudius Trajanus.

Menestrier pense que ce Liberalis dont il est ici question, a dû être le même Lyonnais à qui Sénèque adressa son épître sur l'incendie de cette ville, et non pas Æbutius Liberalis romain, comme l'assure Juste-Lipse. Ses conjectures sont fondées sur l'origine de ce personnage qui était de la famille Claudia, et sur la place qu'occupait son tombeau, trouvé dans le palais de l'empereur Claude, aujourd'hui les Antiquailles. (*a*)

---

## N.° 30.

D M
IVSTINI . MARCELLI
INFANTIS . DVLCISSIM
QVI . VIXIT . ANNVM
VNVM . DIES . XXXXVII
M . IVSTINIVS . SECVN
DINVS . ET . PRIMANIA
MARCELLINA . PATRES
AMISSIONE . EIVS
ORBATI
P . C . ET . S . ASC . DDC

Justinius Secundinus et Primania Marcellina expriment leurs regrets sur la perte de Justinus Marcellinus leur enfant très-chéri. Il n'a vécu qu'un an et 47 jours.

---

(*a*) M. l'abbé Sudan, archiviste de la ville de Lyon, connu par son érudition, a eu la bonté de nous communiquer un manuscrit appartenant à une ex-religieuse du couvent des Antiquailles. Cet ouvrage, qui traite de quelques événemens concernant ce monastère, fait mention d'une visite de Louis XIV à Henriette de Clermont, abbesse de l'Antiquaille, en 1660 ; il y est question ensuite de plusieurs inscriptions et autres

## N.° 31.

M. AETERNAE. L. CL. RVFINI

CL. HVNC. VIVVS. STYGIAS. RVFINVS
AD. VMBRAS INSTITVIT
TITVLVM. POST. ANIMAE. REQV
IEM QVI. TESTIS. VITAE. FATI
S. SIT. LEGE. FVTVRVS CVM. DO
MVS. ACCIPIENS. SAXEA. CORPVS. HA
BENS. QVODQVE MEAM
RETINET. VOCEM. DATA. LITTE
RA. SAXO VOCE. TVA. VIVET
QVISQVE. LEGET. TITVLOS
ROTTIO. HIC. SITVS. EST. IVVE
NILI. ROBORE QVONDAM
CVI. SIBI. MOXQ. S.... NVTRICI
MARCIANE. ITEM. VERINAE
CONLACTIAE. HAEC. MON
IMENTA. DEDIT. ET. SVB. ASC
DEDICAVIT
CVRANT. CL. SEQVENTE. PATRONO

Lucius Claudius Rufinus, affranchi de la maison Claudia, composa pour lui-même cette épitaphe en vers. Il obtint de son patron, Claudius Sequens, la permission de se faire faire un tombeau commun avec sa nourrice Marcia, et Verina, fille de celle-ci, qui avait

antiquités que ces bonnes sœurs résolurent d'enfouir dans leur enclos, autant pour soustraire à leurs regards ces monumens du paganisme, que pour éviter l'importunité des étrangers curieux.

été nourrie du même lait que lui. Claudius Sequens fit les frais du monument.

Les trois inscriptions, n.os 29, 30 et 31, étaient scellées dans les murs de l'Antiquaille, où sans doute elles auront été trouvées.

M. Cazenove, administrateur de cet hospice, et membre du Conservatoire des arts, les a procurées au Musée.

---

## N.o 32.

Q . DECCI
ERECTHEI . QVI
VIXIT . ANN . XXX
D . XXXV . DECCIA
CLEMENTILLA
MATER . FILIO . KA
RISSIMO . ET . SIBI
P . C . ET . S . A . D

Aux mânes de Quintus Decius Erectheus. Il vécut 30 ans et 35 jours. Sa mère Deccia Clementilla a fait poser cette pierre pour son fils chéri et pour elle ; elle l'a dédiée *sub ascia.*

Au-dessus de ce cippe, qui a servi en même temps d'autel, on remarque la place où était fixé le bassin destiné aux libations ; sur la partie antérieure est une *ascia* très-bien conservée ; à côté l'on apperçoit les *plombures* des cloux auxquels on suspendait les festons de feuillages (*a*) destinés à orner les monumens funèbres dont on voulait faire la dédicace ; et à la base de cet autel, une petite ouverture pratiquée sans doute pour l'empêcher de peser au-dessus de l'urne cinéraire enfoncée dans la terre.

*Te lapis obtestor leviter super ossa quiesce,*
*Et nostro cineri ne gravis esse velis !*

souhait souvent exprimé dans les épitaphes antiques : *sit tibi terra levis !* que la terre te soit légère ! (*b*)

M. Peilleux, propriétaire du bâtiment des Génovéfains, a fait hommage de cet autel curieux.

---

(*a*) C'était ordinairement de l'ache, *apium*, d'où est venu le nom de la famille *Appia*.

(*b*) Les anciens croyaient que moins il y avait de poids sur la sépulture, plus l'ame se dégageait avec facilité ; par la même raison, quand ils conservaient de la haine pour un mort, ils lui disaient, en frappant du pied : *sit tibi terra gravis !* que la terre te soit pesante !

On trouve dans Grutter, pag. 708, une inscription qui confirme cette opinion, et qui finit ainsi :

CVIVS CORPVS CAVSA PONDERIS ANTE ARAM POSITVM EST....

## N.° 33.

VERVEX . ET . VERRES

D M

ET . MEMORIAE
AETERNAE
SVTIAE . ANTHIDIS
QVAE . VIXIT . ANNIS . XXV
M . X . D . V . QVEDVM
NIMIA . PIA . FVIT . FACTA
EST . INPIA . ET . ATTIO . PRO
BATIOLO . CERALIVS . CA
LISTIO . CONIVNX . ET
PATER . ET . SIBI
VIVO . PONENDVM
CVRAVIT . ET . SVB . AS
CIA . DEDICAVIT

Le reproche fait dans cette épitaphe à Sutia Anthis, morte à 25 ans, est assez extraordinaire. Son mari, Ceralius Calistio, l'accuse d'impiété pour avoir été trop pieuse, *quedum nimia pia fuit*, *facta est inpia* (*a*). Une pareille accusation fait soupçonner que cette femme avait abandonné le culte des faux Dieux pour suivre la doctrine de Jesus-Christ ; sur-tout si l'on observe que le nom de la pieuse Anthis est grec, et que les familles grecques

(*a*) On a mis *inpia* pour *impia*.

furent les premières à embrasser et à introduire le christianisme dans les Gaules.

La singularité de cette inscription a engagé plusieurs savans à la consigner dans leurs ouvrages, mais aucun n'a parlé du bas-relief qui s'y trouve représenté avec ces mots : VERVEX ET VERRES. Scaliger, qui avait assez mal copié cette inscription pour Grutter, ne fait pas mention de cette particularité ; il s'excuse auprès de son ami sur ce que le monument est très-fruste.

Le bas-relief qui est sur la face antérieure de cet autel, est curieux. Il représente un mort étendu dans un coffre (*a*) entr'ouvert, et placé entre un porc et un bélier. Sans doute Ceralius Calistio aura voulu faire représenter sur ce monument l'image des victimes qu'il immola pour appaiser la colère des dieux infernaux, au sujet de la prétendue impiété de sa femme.

---

(*a*) Il doit représenter un de ces coffres de fer où l'on renfermait les morts pour les brûler et pour éviter que leurs cendres ne fussent mêlées avec celles du bûcher.

## N.° 34.

DEO . MAR
TI . AVG
CALLIMO
RPHVS
SECVNDA
RVDIS
V . S . L . M

Callimorphus Secundarudis a accompli avec empressement le vœu qu'il avait fait au dieu Mars.

Les soldats, avant que de partir pour la guerre, exprimaient sur des tablettes les vœux qu'ils avaient faits aux dieux, et à leur retour ils élevaient un monument pour marquer qu'ils les avaient accomplis.

Le nom de ce personnage paraît un composé de deux mots dont l'assemblage est assez rude ; son prénom plus agréable, d'origine grecque, signifie : *de belle forme.*

---

## N.º 35.

D M

ET.AETERNAE.QVIETI.P
AELI . MAXIMI . POLY
CHRONI . QVI . VIXIT . AN
NIS. II. M. III. D. IIII. AELIA
EVTICHIANE . ET . AGA
PETVS . PARENTES . FI
LIO . DVLCISSIMO
P . C . CVI . LOCVM . ARE
PIETATI . CONCESSIT
IVL . BARBANE . MATRO
NA . INCOMPARABI
LIS . SVB . ASCIA . DEDI
CATVM . EST

Témoignage des regrets d'un père et d'une mère, au sujet de la perte d'un enfant de deux ans. Son nom, *Polychronus*, qui en grec signifie *longue vie*, n'a pas répondu à la brièveté de ses jours. *Eutichianè* et *Agapethus* ont érigé ce monument à ce fils bien-aimé. Le reste de l'inscription nous apprend que Julia Barbanè, dont on exalte le mérite, a voulu honorer leur piété en leur donnant la place de cet autel.

On trouve généralement plus de monumens funèbres consacrés par des parens à leurs enfans, que par des enfans à leurs parens. Nous laissons au lecteur le soin de méditer cette observation en faveur de la tendresse paternelle.

Les prénoms d'Eutichè, d'Eutichianè, très-fréquens chez les Grecs, qui signifient *bonne aventure*, *bonne fortune*; les noms de Felix, de Victor, d'Optatus, de Fortunata, souvent répétés sur les inscriptions latines; ceux de Prosper, de Bonaventure, de Désiré, de Félicité, assez ordinaires chez les modernes, prouvent que dans tous les temps les parens se sont appliqués à donner à leurs enfans des noms auxquels ils attachaient quelque idée de bonheur ou d'espérance.

## N.° 36. (*a*)

D M
GRATIAE
DEMINCILLAE . FIL (*b*)
POLLI . HELIODORI . IIIIII
VIR . AVGVSTALIS
PRIMIA . PRIMA . MA
TRI . KARISSIMAE . ET
CONIVGI . PIENTIS
SIMO . PONENDVM
CVRAVIT . ET . SVB
ASCIA . DEDICA
VIT

---

(*a*) Cette inscription n'est point encore dans la collection, mais nous espérons la posséder dans quelque temps.

(*b*) Spon a mis *et* au lieu de *fil*, et *Demincilia*, pour *Demincillæ*.

Aux mânes de Gratia Demincilla, fille de Pollus Heliodorus, Sevir Augustal. Primia Prima a eu le soin de poser cette pierre à sa mère chérie, et à son mari très-pieux; elle l'a dédiée *sub ascia.*

---

N.° 37.

D M
S E R V I
SEVERI . FI
C A S S I A
MISERA . MATER
FILIO . INCOM
PARABILI . AN
XXIIII . ARAM . PO
SVIT . ET . SVB . A . D

Ces paroles d'une mère qui se déclare *misérable*, parce qu'elle a perdu un fils *incomparable*, âgé de 24 ans, rendent cette épitaphe touchante.

La formule *aram posuit et sub ascia dedicavit*, elle a posé cet autel et elle l'a dédié *sub ascia*, ferait croire que les femmes avaient le droit aussi bien que les hommes de consacrer les sépultures, s'il n'était prouvé d'ailleurs (*a*) que ce n'était que d'après une procuration que les pontifes leur accordaient quelquefois ce privilége.

---

(*a*) *Voy.* Dom Jacq. Martin, *Explicat. de divers monum. singuliers.*

Le mot *aram* vient à l'appui de ce que nous avons dit plus haut, que les cippes servaient souvent d'autels ; il est facile de s'en assûrer lorsqu'on y distingue par-dessus, la place du bassin, et sur la face antérieure les trous des crochets auxquels on suspendait les festons.

---

## N.° 38.

D M
ET . MEMORIAE
AETERNAE
IVLI . ZOZIMI . IVVE
NIS . INNOCENTIS
SIMI . QVI . VIXIT . AN
NIS . XXX . M . I . D . III
SINE . VLIVS . ANIMI
LAESIONE . MELIVS
ZOZIMVS . PATER
INFELICISSIMVS
AMISSIONE . EIVS . DE
CEPTVS . ET . SIBI . VIVVS
P . C . ET . SVB . ASCIA . DEDI
CAVIT

Zozimus, père très - malheureux et déçu par la perte de son fils Julius, jeune homme plein de candeur, qui vécut trente ans un mois et trois jours, sans lui avoir causé le moindre chagrin, a eu le soin d'ériger ce cippe à sa mémoire ; il l'a aussi posé pour lui-même, de son vivant, et l'a dédié *sub ascia*.

Les païens, privés des consolations qu'offre la religion chrétienne, ne trouvaient pas d'épithètes assez fortes pour exprimer la douleur que leur causait la perte de leurs enfans. Ceux qui étaient frappés d'un semblable malheur, croyaient s'être attiré la colère des Dieux pour le reste de leur vie ; ils allaient même quelquefois jusqu'à se répandre en imprécations contr'eux.

---

## N.° 39.

D M
GEMINIAE . Q . FILIAE
QVINTIANAE
DVLCISSIMAE
QVAE . VIXIT . M . VIIII . D . X
Q . GEMINIVS . PRISCIAN
ET . GEMINIA . APHRODI
SIA . PARENTES

Aux mânes de Geminia Quintiana, fille bien-aimée de Quintiana. Elle vécut neuf mois et dix jours. Quintus Geminius Priscianus et Geminia Aphrodisia ses parens. (1)

---

(1) *Lui ont érigé ce monument* doit être sous-entendu.

## N.° 40.

D M
ET.MEMORIAE
AETERNAE
MARINIAE
DEMETRIATI
NATIONE . GRAECE
MARINIVS . DEME
TRIVS.SORORI.DVL
. . . . . . . . .

Marinius Demetrius a consacré cette pierre à la mémoire de sa sœur bien - aimée Marinia Demetrias, d'origine grecque.

La majeure partie de nos inscriptions portent des noms de femmes grecques, ce qui concourt à prouver que les militaires romains, après avoir fait la conquête de la Grèce et y avoir choisi des épouses, les amenèrent à Lyon, où il leur fut distribué des terres en récompense des services qu'ils avaient rendus à l'état.

---

## N.° 41.

D M
M.OPPI.PLACIDII
HAR . PR . DE . LX
CVI . LOCVM . SEPVLTVR
ORDO. SANCTISSIM. LVG
DEDIT

Aux

Aux mânes de Marcus Oppius Placidius ; le premier des 60 aruspices de Lyon, à qui le *très-saint ordre* de cette ville a assigné un lieu de sépulture.

Tous nos historiens ont parlé de cette inscription importante qui nous fait connaître le premier des aruspices de Lyon. C'est la seule qui détermine le nombre des prêtres de ce Collége. Leurs fonctions étaient de prédire l'avenir par l'inspection des entrailles des victimes, comme celles des augures étaient de l'annoncer d'après le vol des oiseaux.

---

## N.° 42.

D M
QVIETI
AETERNAE
T . CASSI
LVCINVLI
MERCATOR
SESSOR . ET
CASSIA
VERATIA
FILIO . DVLCIS
SIMO . ET . SIBI
VIVI . POSTE
RIS . QVE . SVIS
FECERVNT
ET . SVB . ASCIA . D

Aux mânes et au repos éternel de Titus Cassius Lucinulus. Mercator Sessor et Cassia

E

Veratia ont élevé à ce fils bien-aimé ce monument, qu'ils ont aussi réservé pour eux et pour leurs descendans, et ils l'ont dédié *sub ascia.*

---

## N.° 43.

D M
ET . MEMORIAE . AETER
NAE . MARCELLINAE . SO
LICIAE . FILIAE . ANIMAE
SANCTISSIMAE . ET . RARI
SSIMI . EXSEMPLI . QVA
SIC . VIXIT . ANNIS . XXIII
M . V . D . IIII . SINE . VLLA . ANI
MI . CONIVGIS . SVI . LESI
ONE . INTEGRO . CORDE
FELIX . ETIAM . IN . EO . QVOD
PRIOR . OCVPAVIT . MARTI
VS . MARITVS . SVAE . CARIS
SIMAE . ET . SIBI . VIVVS . P . C . ET . SVB
ASCIA . DEDICAVIT

C'était sans doute une femme d'un grand mérite que Marcellina, fille de Solicia! Marcius son époux s'abandonne dans cette épitaphe à toute sa douleur, et lui prodigue les épithètes les plus tendres et les plus honorables. Elle a vécu, dit-il, avec lui dans la plus parfaite union, 23 ans 5 mois et 4 jours. Elle avait les sentimens de la plus haute piété. Elle était le plus rare modèle de son sexe; enfin, il la trouvait heureuse d'être morte la première, et de n'avoir pas survécu comme lui à une perte aussi sensible que celle de la moitié de soi-même.

---

## N.° 44.

MATRIS
AVGVSTIS
CATITIVS
SEDVLVS
EX . VOTO

Catitius Sedulus, d'après un vœu qu'il a fait aux mères Augustes.

Nous avons dit, au sujet de la première inscription de cette notice, que les Romains portèrent la flatterie jusqu'à créer des divinités particulières dont le soin était de veiller à la conservation de leur Empereur. Sous le règne de Sévère, ils introduisirent dans les villes le culte de ces mères Augustes qui n'étaient adorées que dans les campagnes.

L'on voyait anciennement cette inscription à Ste-Colombe, près de Vienne; elle est citée dans Chorrier, dans le célestin Dubois, et par tous les historiens de Lyon. M. Millin dans son Voyage au midi de la France, article Vienne, en cite une semblable, ce qui ferait croire qu'il en existe deux: cette particularité ne serait pas sans exemple. L'autel dont nous faisons mention fut acquis à Ste-Colombe par M. de Langes, et placé dans son jardin des antiques à Lyon.

---

## N.° 45.

ET . QVIETI . AETERNAE
VERINIAE . INGENVAE
LIBERTAE . QVONDAM
ET . CONIVGI . CARISSIMAE
QVAE . VIXSIT . MECVM . ANNIS
XXII . M . V . D . III . SINE . VLLA
ANIMI . LAESVRA . C . VERECV
NDINIVS . VERINVS . VETER
LEG . XXII . P . F . CONIVXS
ET . PATRONVS . ET . VERECV
NDINIAE . VERINA . ET
VERA . FILIE . MATRI . PI
ISSIMAE . ET . SIBI . VIVI
PONENDVM . CVRAVE
RVNT . ET . SVB . ASCIA
DEDICAVERVNT

Monument de l'affection de Caïus Verecundinius, vétéran de la 22.me légion, envers Verinia Ingénua son affranchie et son épouse très-chère. Elle vécut avec lui pendant vingt-deux ans cinq mois et trois jours, sans lui avoir jamais causé la moindre peine. Verecundinia et Vera leurs filles témoignent aussi leurs regrets au sujet de la perte de leur mère chérie. Ces bons parens ajoutent qu'ils ont eu le soin de faire poser ce cippe et de le dédier *sub ascia*, pour elle et pour eux, de leur vivant.

---

## N.° 46.

DIIS . MANIB
CAMILL.AVGVSTILLAE
QVAE . VIXIT . ANNIS . XXX
DIEB . V . DE . QVA . NEMO
SVORVM . VMQVAM
DOLVIT . NISI . MORTEM
SILENVS . REGINVS
FRATER . SORORI
KARISSIMAE . ET . SVB
ASCIA . DEDICAVIT

Silenus Reginus a érigé ce monument aux mânes de Camilla Augustilla sa sœur chérie. Elle a vécu trente ans et cinq jours, et n'a jamais causé d'autre chagrin à ses parens que celui de sa mort.

La formule de cette épithaphe simple et touchante se trouve souvent répétée dans les inscriptions antiques. Louis XIV reproduisit naturellement cette pensée, à la mort de Marie-Thérèse. Jamais, dit-il en pleurant, elle ne m'a causé d'autre chagrin.

MM. Marduel, propriétaires à Champvert, dont le goût éclairé est attesté par la réunion des antiquités qui décorent leur jardin, ont donné ce cippe intéressant.

## N.° 47.

D M
ET . QVIETI . AETERNAE
CERIALIAE . AVLINAE
CONIVGI . KARISSIME
M . IVL . FORTVNATVS
ET . SIBI . VIVVS
PONENDVM . CV
RAVIT . ET
SVB . ASCIA
DEDICAVI T

Aux mânes et au repos éternel de Cerialia Aulina, Marcus Julius Fortunatus a fait faire cette pierre et l'a dédiée *sub ascia*, pour sa femme très-chère, et pour lui, de son vivant. Nous avons découvert derrière ce cippe, vers sa base, une ouverture carrée qui communique avec le sol. Elle est bordée d'une feuillure trouée dans chacun de ses angles, et destinée à recevoir une petite porte. Nous avons fait remarquer, au N.° 32, une ouverture à-peu-près semblable dans la partie inférieure et antérieure d'un autel. Mais celle-ci est plus curieuse, par sa position et par la conservation de son ensemble. Elle peut jeter quelque jour sur un point d'antiquité peu connu, et sur lequel les bornes d'une notice ne nous permettent pas de disserter; nous dirons seulement qu'en faisant une semblable ouverture pour que les cippes ne pesassent pas sur les urnes qui renfermaient les cendres, on aura eu en même temps l'intention d'y placer de petits dieux Lares, ou gardiens, afin de les rendre plus inviolables. On sait d'ailleurs que le *limen*, ou l'entrée d'une demeure (*a*), était sacré chez les anciens, et qu'ils avaient même des divinités qui présidaient aux portes.

---

## N.° 48.

D M
PRIMIVS
EGLECTIANVS
P . PRIMI . CVPITI
LIB . QVI . VT . HABE
RET . VIVVS . SIBI
POSVIT . ET . SVB
ASCIA . DEDIC
DOMVI . AETERNAE

Primius Eglectianus, affranchi de Primus Cupitus, a eu le soin de préparer son tombeau, qu'il appelle *maison éternelle*; il en a fait la dédicace et toutes les cérémonies usitées, comme s'il eût été déjà mort. On connaît l'importance que les païens attachaient à leur sépulture. Ils allaient jusqu'à faire de leurs esclaves des

---

(*a*) Voyez les n.os 48 et 32.

affranchis et des héritiers, sous la condition de leur rendre les derniers devoirs. Des idées mythologiques les portaient à croire que l'existence de l'ame était liée à la conservation des dépouilles mortelles. Les Egyptiens les plus opulens ne donnaient que le titre d'hôtellerie à leurs palais. Ils se bâtissaient des *demeures éternelles* pour se consoler de leur néant. Ces idées se transmirent aux Grecs, puis aux Romains :

*Perpetuas sine fine domos mors incolit atra,*
*Æternosque levis possidet umbra Lares.*

Les quinze inscriptions précédentes, excepté le N.° 46, proviennent de la collection que Messire Claude de Bellièvre et le président de Langes son gendre, avaient formée dans leur hôtel du quartier de St-George (*a*). La conservation en est due au goût de ces illustres et savans magistrats, qui les avaient fait sceller dans les murailles de leur jardin. Sans cette précaution elles auraient été entièrement perdues. Aujourd'hui que l'on pratique une rue dans cet emplacement, nous formons le vœu de lui voir porter le nom de Bellièvre. C'est

---

(*a*) Spon en a publié 23, provenant de cette même collection ; y en aurait-il 7 de perdues ?

une occasion et un moyen de perpétuer le souvenir d'une famille célèbre dans les fastes de cette ville.

L'inscription N.° 33 a été donnée par le sieur Jeanin, boulanger dans la grande rue des Charpennes. Les N.os 34, 35, 47 et 48 ont été cédés par le sieur Roux, marchand de vin à la montée du Gourguillon; les N.os 37, 38, 40 et 44, par le sieur Aimé Pin, boucher à la boucherie St-George; et les N.os 39, 41, 42, 43, par M. Mauri, entrepreneur de bâtimens. Ces bons citoyens se sont empressés de répondre aux intentions de M. le Maire. Les circonstances ne permettent pas de déplacer les N.os 36 et 45, non plus qu'un fragment (*a*) qui soutient une porte; mais nous avons la certitude que nous les possèderons bientôt.

---

. . . . . .
(*a*) . ERVA.SEXTIAN.CON
IVGE . KARISSIMA
ANN . XXXIII . SINE
VLLA . DISCORDIA
QVAE . CONIVNX . KA
RA . PONENDVM
CVRAVIT . ET . SVB
A . D

Cette inscription se trouve entière dans Grutter et dans Spon, Rech. des Antiq., p. 106.

## N.° 49.

SEX . SELIO . SEX . FIL . GAL
HOMVLIINO . DEFVNCTO
ANNORVM . IIII . DIERVM . XL
PARENTES

Les parens d'un enfant qui a vécu 4 ans et quarante jours, lui ont consacré cette table de mémoire. Il s'appelait Sextus Selius, et était fils de Sextus, de la tribu Galeria. (*a*)

M. Benoît, chirurgien, a promis de céder cette inscription au Musée. Elle se trouve enchâssée dans la façade extérieure de sa maison, rue de Trion.

---

## N.° 50. (*Inédite.*)

.. ANAE . AVG . SACRVM
IN . HONOREM . PAGI . CONDAT
G . GENTIVS . OLILVS
MAGISTER . PAGI . BIS
CVIVS . DEDICATIONE . HONO
RATIS . PRAESENTIB . DEDIT
EPVLI — X II
L . D . D . P . COND

Il est ici fait mention d'une dédicace à Diane,

---

(*a*) Nous avons donné une autre inscription dans laquelle il est fait mention de la même tribu. *Voyez* le N.° 13.

en l'honneur du pays de *Condatæ*, sans doute pour l'inauguration de la statue de la Déesse.

Gaïus Gentius Olilus, Magistrat du pays pour la seconde fois, a donné deux deniers aux convives qui ont eu l'honneur d'assister à cette consécration.

L'emplacement a été cédé par les habitans de *Condatæ* ( St-Claude ).

Parmi les diplomes accordés aux moines de St. Oyan, dans lesquels il est fait mention du pays de *Condat*, nous nous bornerons à citer ceux de Charlemagne et de Fréderic Barberousse. Le premier porte : *Neque ergo aliqua persona ab hac die et deinceps lites inferat monachi de prænominata cella, suisque appendiciis, et donamus ad præfatum locum Condatiscencem silvam quæ vocatur Juris, etc.*

Le second : *Ad augmentum quoque imperialis gratiæ et ad spem salutis nostræ firmiorem, silvam quamdam quæ dicitur Juris, in loco qui dicitur Condatiscencis.* Nous donnons au sacré monastère du B. Pierre, prince des Apôtres, où repose le corps d'Oyan, confesseur de J. C., une certaine forêt nommée Jura, dans un lieu nommé *Condat.*

Cette inscription est due à l'obligeance de MM. Frèrejean, mécaniciens célèbres, auxquels l'art de la fonderie doit un nouveau lustre et de nombreux perfectionnemens. Elle a été trouvée dans la cour de leur maison, rue de la Vielle, près d'une mosaïque grossière : c'est peut-être cette pierre et ce pavé qui ont fait soupçonner qu'il y eut autrefois dans cet endroit un temple élevé à Diane.

---

## N.° 51.

D M
ET . MEMORIAE . AETE
RNAE.OLIAE.TRIBVTAE
FEMINAE . SANCTISSI
MAE . ARVESCIVS
AMANDVS . FRATER
SORORI . KARISSIMAE
SIBI . QVE . AMANTISSI
MAE . P . C . ET . SVB . ASCIA
DEDICAVIT

Aux mânes et à la mémoire éternelle d'Olia Tributa, femme très-pieuse. Arvescius Amandus à sa sœur chérie et qui l'aimait tendrement; il a eu le soin de lui ériger cet autel et de le dédier *sub ascia*.

Cette inscription a acquis de la célébrité dans l'histoire de cette ville, par une sorte de rapport avec le tombeau dit *des deux amans* (*a*). On

---

(*a*) Il fut démoli en 1707, soit parce qu'il embarrassait la voie publique, soit par l'espoir de trouver

connaît les fables et les conjectures imaginées à ce sujet par les historiens de Lyon. Paradin pense que c'était le tombeau d'Hérode et d'Hérodias, exilés dans ce pays. De Rubis veut que ce soit celui de deux époux chrétiens, vivant dans la continence. Spon croit que c'était un de ces petits temples que l'on édifiait à l'entrée des villes. Menestrier assure que c'était la sépulture de deux prêtres d'Auguste de la famille Amanda (*a*). Enfin Colonia et Brossette jugent, d'après cette inscription trouvée près du monument, que ce devait être le tombeau d'un frère et d'une sœur nommés *Amandus*, Amand, nom propre que le vulgaire aura naturellement confondu avec amant, qui aime; delà l'origine du nom de tombeau *des deux amans*.

On ne peut sans doute appuyer cette dernière conjecture d'une manière plus raisonnable. Il est évident que celui qui a fait l'épitaphe a voulu jouer sur les mots *Amandus* et *amantissimæ*; ce qui prouve que de tout temps, même dans les sujets sérieux, on a pris plaisir à faire des calembourgs.

---

dans ses fondemens quelque éclaircissement sur l'origine de sa construction. Il eût été à désirer qu'on l'eût rétabli un peu plus loin.

(*a*) Il s'autorise des inscriptions de deux prêtres de la famille Amanda, qui se trouvent dans une maison vis-à-vis l'église de St. Jean.

Cette inscription, trouvée à l'extrémité du faubourg de Vaise, fut donnée par M. Alexandre à M. Chappuis son gendre, qui, à son tour, la donna à M. l'avocat Brossette, historien de Lyon. Depuis elle était restée dans cette famille, à Theizé, ignorée et pour ainsi dire perdue.

Un des médecins les plus distingués de cette ville, ami des arts, M. Willermoz, après avoir fait rechercher long-temps cette inscription, vient de l'obtenir avec beaucoup de difficultés, et en a fait hommage à M. de Sathonnay.

---

N.° 52. (*Inédite.*)

D M

C A R A N

I A . S I I C V

N D I N A

F R A T R I

Aux dieux mânes. Carania Secundina à son frère.

Ce petit cippe en pierre de Lucenay, et grossièrement gravé, offre quelques lettres d'une forme particulière. Des A sans ligne mitoyenne, semblables au *lambda* grec, dont on trouve plusieurs exemples dans les inscriptions latines (*a*); un E dans Secundina qui doit être un H grec, sans traverse, avec la valeur d'un E long; enfin un F dans fratri qui a la forme d'un *gamma*. Il est probable que ces caractères furent introduits dans les épitaphes latines par des familles grecques venues à Lyon dans les temps anciens.

Ce cippe a été trouvé au jardin des plantes. Il paraît se rapporter au 3.e siècle de notre ère.

---

## N.o 53.

D M
FLAVIAE
SYNTICENI
T. FLAVIVS
TREPTVS. CON
IVGI. FECIT
V. A. XXXV
II

Aux mânes de Flavia Synticenis. T. Flavius Treptus a fait ce monument pour sa femme. Elle a vécu trente-cinq ans et deux mois.

---

(*a*) *A latinè, sæpè ut ἄλφα, sæpè λάμβδα scribitur.* Nouveau Traité de Diplomat. tom. 2, pag. xxv; et Voyage Littéraire, t. 1, p. 292, par D. Martène.

Le nom grec de Synticeni et l'Λ de Flaviæ prouveraient en faveur de ce que nous venons d'énoncer au sujet des caractères grecs introduits dans les inscriptions latines.

Ce marbre fut apporté d'Italie par feu M. Mimerel, sculpteur.

---

## N.° 54.

Fragment d'une des parties latérales d'un tombeau sur lequel devait être figuré un *Suovetaurilia* (*a*). Un taureau et un belier prêts à être immolés sont représentés au milieu des branches de laurier, derrière un sacrificateur, dont la tête et les bras sont brisés. Celui-ci à genoux, ayant à son côté l'étui du couteau *dolabra*, semble être dans l'action d'égorger une victime qui est sans doute le porc, par l'immolation duquel on commençait ces sortes de sacrifices.

Cette pièce de marbre grec était enchâssée dans les murs du jardin des Antiques ; on la doit à M. Mauri, dont nous avons déjà parlé.

---

(*a*) Voyez le n.° 1, article *Suovetaurilia*.

## N.o 55.

Reste d'un tombeau chrétien du bas empire. Sur l'une des parties latérales se trouvent le *prochristo* et le monogramme emblématique de J. C., alpha et omega, je suis le commencement et la fin. Α' et Ω.

On apperçoit dans le fond de ce tombeau deux trous dont nous ne garantissons pas l'antiquité. Cependant l'abbé Lebeuf a observé le premier une particularité semblable dans des cercueils antiques découverts aux environs d'Auxerre. Il dit que ces trous ne se rencontrent dans la sépulture des chrétiens, que lorsqu'ils ont fait servir à leur usage les tombeaux des païens. Il présume que cette perforation commencée par les possesseurs des sépulcres avec un instrument acéré, et finie ensuite par des ouvriers, pouvait bien être une espèce d'investiture, ou la prise de possession des tombeaux profanes indiquée par la formule *sub ascia*.

---

## N.° 56.

Epitaphe chrétienne. (*Inédite.*)

HIC. IVNCTAE. SAEPVLCHRIS
IACENT. MARIA. VENERABELIS
RELIGIONE. ET. EIVS. EVGENIA. NEPTES
SED . MARIA . LONGVM . VITAE . CRSM
CENTENO . CONSOLE . DVXIT . OB . DIDS
IANS . EVGENIA . XVIII . ANNS . HABENS
IVVENTATIS . FLOREM . AMISIT . DVRAE
VIOLINTIA . MORTIS . OB . D . III . KALS
IANVARIAS . XII . P . C . IVSTINI . IND . PRIMA

Ci gissent, réunies dans le même sépulcre, Marie, vénérable par sa piété, et Eugénie sa petite-fille. La première a terminé paisiblement sa longue carrière, à l'âge de cent ans, au jour des ides de janvier; la seconde, victime de la cruelle mort, a été enlevée à la fleur de son âge, dans sa 18.e année, le 3.e jour avant les calendes de janvier, 12 ans après le consulat de Justin, indiction première.

L'indiction était une manière de compter de 15 jours en 15 jours, en usage sous le règne de l'empereur Justin. L'époque dont il est ici fait mention, concorde à-peu-près avec l'an 527 de J. C.

Cette inscription a été découverte au jardin des plantes.

## N.° 57.

.. IACET.DECORA
MERCVRINA.QVAE
VIXIT . ANNOS . XX
OVIIT. XIII. KAL. MAI
AS . VIGELIA . PASCE
C. ALIPIO . VC. CONS

Decora Mercurina vécut 20 ans, et mourut le 13.e jour avant les calendes de mai, la veille de Pâque, sous le consulat de l'illustrissime Caïus Alipius. (*a*)

M. Mongès, de l'institut, a fait un mémoire sur cette inscription : M. Flacheron son neveu, architecte, l'a trouvée en faisant construire une fontaine dans le quartier de St-Just.

---

## N.° 58.

IN.HOC.TVMVLO.REQVIESCIT
BONE . MEMORIAE . VRSVS
QVI . VIXIT . IN . PACE . ANNVS
X / OBIIT . II . NON . MARCIAS
P . C . ANASTASI . ET . RVFI . VVCC

Ursus, d'heureuse mémoire, repose dans ce tombeau. Il vécut en paix 40 ans. Il mourut

---

(*a*) 20 avril, an 447.

On trouve dans Grutter deux inscriptions où le nom d'Alipius se trouve avec un Y, page MCXII, et page DCCCLVI.

le second jour avant les nones de mars, après le consulat d'Anastase et de Rufus, hommes très-illustres, (l'an 492 de J. C.)

Tout, dans cette épitaphe, annonce la décadence des lettres et des arts ; le latin y est corrompu, les caractères y sont irréguliers, et les ornemens d'un goût et d'une exécution barbares. On reconnaît au milieu de ces formes grossières un vase d'où s'échappent des rinceaux de vigne, un épi de blé et des colombes, emblèmes du christianisme.

Ce marbre a été découvert dans le quartier de St-Just.

---

N.° 59. (*Inédite.*)

IN . HOC. TVMVLO. REQVIIS
CET. BONAE. MEMORIAE
SIQVANA . QVAE . VIXIT
ANNOS . XXX . OBIIT . IN
PACE . XV . KAL . IVNIAS
ABIENO . V . CONS

Siquana, d'heureuse mémoire, repose dans ce tombeau. Elle vécut 30 ans, et mourut en paix le 15.<sup>e</sup> jour avant les calendes de juin, Avienus étant consul.

On voit que c'était encore l'usage, dans le cinquième siècle, de confondre le B avec le V : cet usage venu des Grecs, s'est maintenu chez les Espagnols et chez les habitans des rives de la Garonne qui leur ont été soumis.

Cette tablette de marbre a été trouvée dans le quartier de St-Just, par un maçon.

---

## N.º 60.

*Hic jacet dominus Poncius de Vallibus Custos quondàm ecclesiæ Sanctæ Crucis et penitenciarius domini Archiepiscopi Lugdunensis qui obiit VII. KL. septembris anno Domini M. CCC. LII. Anima ejus requiescat in pace. Amen.*

Ci gît seigneur Ponce de Vaux, qui fut custode de l'église de Ste. Croix, et pénitencier de Monseigneur l'Archevêque de Lyon. Il mourut le 7 des calendes de septembre, l'an de notre Seigneur 1352. Que son ame repose en paix. Ainsi soit-il.

Ponce de Vaux est représenté sur cette pierre tumulaire tenant un livre d'une main, et de l'autre une poignée de verges dans l'action de fustiger un jeune prêtre qui a manqué à la discipline de l'église. Un ange l'encense, sans doute pour le récompenser de son zèle.

C'était l'usage, dans l'ancienne église, de châtier ainsi les ecclésiastiques qui avaient encouru les censures. Les abbés de Cluni avaient le droit d'infliger la punition du fouet dans leur monastère.

Cette pierre fut trouvée à St-Irenée, et scellée ensuite dans les murs de la cure de Sainte Croix, à l'occasion d'un procès que les Custodes de cette église avaient avec le chapitre de St. Jean, qui leur contestait le droit de jurisdiction dans leur paroisse. Ils pensèrent que ce monument servirait d'appui à la légitimité de leurs prétentions, et ils en firent dresser acte pardevant feu le sieur Aubernon, notaire de cette ville, en 1751, comme le porte l'inscription qui est au-dessus. (*a*)

---

(*a*) Cette pierre a été placée ici par anticipation, Il y a lieu de croire qu'elle ne tardera pas à appartenir au Musée.

N.° 61. ( *Inédite.* )

Autre inscription latine gravée en caractères gothiques, relative à un custode de la même église.

*Hic jacent Joannes Rigoletti civis lugdunensis qui obiit die XXII mensis martii anno Domini M. CCC. LXXXIII, et venerabilis vir dominus Stephanus Rigoletti alias Galliart ejus filius custos Ecclesiæ Sanctæ Crucis Lugduni, et rector hujus ecclesiæ qui obiit undecima die mensis februarii anno Domini M. CCCC.... quorum animæ et omnium fidelium defunctorum per Dei misericordiam requiescant in pace. Amen.*

Ci gissent Jean Rigoletti, citoyen de Lyon, qui mourut le 22 du mois de mars, l'an de notre Seigneur 1383, et le vénérable messire Etienne Rigoletti, dit Gaillart, son fils, Custode de l'Eglise de Ste. Croix de Lyon et Recteur de cette église, qui mourut le 11 du mois de février, l'an de notre Seigneur 14... dont les ames et celles de tous les autres fidèles trépassés reposent en paix par la miséricorde de Dieu. Ainsi soit-il.

Ce marbre était scellé dans la chapelle de St. Alban, une des plus anciennes de Lyon, et dépendante de l'hôtel de Fléchères que l'on vient de démolir.

N.° 62. (*Inédite.*)

*Hic jacent Humbertus Magnini de Moyrenco Clericus et Johanneta ejus uxor ac liberi eorumdem cives Lugdunenses. qui Humbertus obiit die* XVII *mensis augusti anno Domini* M.CCCC.VIII. *Animæ eorum per misericordiam Dei requiescant in pace. Amen.*

Ci gissent Humbert Magnin de Moyrans, Clerc, Jeannette sa femme et ses enfans, citoyens de Lyon; lequel Humbert mourut le XVII du mois d'août, l'an du Seigneur M.CCCC.VIII. Que leurs ames reposent en paix par la miséricorde de Dieu. Ainsi soit-il.

Le titre de *Clericus* doit être interprété ici par homme de loi. Humbert Magnin, natif de Moyrans dans le Jura, et habitant de Lyon, choisit le lieu de sa sépulture dans la chapelle de St. Alban, peut-être parce qu'elle appartenait alors aux moines de l'abbaye de St. Claude, voisine de son pays natal. Ce personnage est représenté les mains jointes, avecle costume de son temps. Ses armoiries sont gravées au-dessus de sa tête.

Cette dalle tumulaire vient d'être trouvée dans les démolitions de la chapelle de St. Alban. Les ouvriers qui l'ont extraite racontent que les ossemens renfermés sous cette pierre, étaient bien conservés, et semblaient avoir appartenu à un personnage d'une haute stature.

N.° 63. ( *Inédite.* )

*L'an* : M : *ccc* : LII : *fit* : *Micheles* : *Pācsus* : *citiens* : *de* : *Lian* : *edifier* : *ceta* : *chapella* : *loutar* : *et lo crucifis* : *ploremeio* : *de* : *sarma* : *Matheu* : *Achert* : *Marietan* : *simulier* : *et* : *Guillermetan* : *leur* : *fili* : *mulier* : *say* : *en* : *areres* : *dudit* : *Michelet* : *liquax* : *mare* : *et filli* : *murirent* : *el tems* : *de* : *la* : *mortalita* :

*l'an : M : CCC : XLVIII : liquax : Micheles : a : constitui : et hordena : que : una : messa : ppetual : que : li : ditta : Marieta : ordeniet : en : son : testamen : que : el : et lisin : la dita : messa : el : dit : houtar : chascun : jour : ppetualment : fesant : celebrar : nostres : sires : p. sa : misericordi : les : armes : de : ellos : et de : tos : autres : feax : trapassas : mettat : en : bon : repos : amen : item : lo : XVII : jour : de : decembro : l'an : M : CCC : LV : fut : sacras : li : dis : hotars : et beneis : li dis : crucifis.*

L'an 1352, Michel Pancsus (*a*), citoyen de Lyon, fit édifier cette chapelle, l'autel et le crucifix, pour le remède de son ame, et pour celles de Matthieu Achart, de Mariette sa femme et de Guillermette leur fille, ci-devant femme dudit Michel; lesquelles mère et fille moururent au temps de la mortalité, l'an 1348. Le susdit Michel a fondé et ordonné une messe perpétuelle, que ladite Mariette avait ordonnée en son testament, portant que lui et les siens feraient célébrer ladite messe audit autel, chaque jour à perpétuité.

---

(*a*) On trouve dans les archives de Lyon le nom d'un Michel Pancsus, *saulnier* (marchand de sel), nommé en 1552 et 1558 maître juré de sa profession dans les syndicats de ces deux années; c'est apparemment le même personnage dont il est ici question.

Que notre Seigneur, par sa miséricorde, mette en bon repos leurs ames et celles de tous les autres fidèles trépassés. Ainsi soit-il.

*Item*, le 17.e jour de décembre l'an 1355, ledit autel fut sacré, et ledit crucifix fut béni.

Au bas de l'inscription sont gravés les monogrammes de la fondatrice et de l'exécuteur testamentaire.

Cette épitaphe donne une idée de l'idiome des Lyonnais à l'époque du quatorzième siècle. Ces mots *ceta chapella*, *l'houtar*, *lo crucifis*, *tos autres*, *etc......* sont encore usités dans le patois du peuple. Il est vraisemblable que cette espèce de langue *romane* abâtardie, était celle que l'on parlait généralement alors dans toute la ville. Dans le seizième siècle même, les auteurs ont cité cette phrase d'admiration des dames lyonnaises, au sujet de Bayard vainqueur dans un tournoi : *Vey vo cestou malotru, qu'a mieulx fay que tous los autros !*

Le temps où cette inscription a été gravée rappelle une époque terrible. La France, sous Philippe de Valois, livrée en grande partie aux Anglais, accablée d'impôts, épuisée par toutes les horreurs de la guerre et par une famine épouvantable, semblait n'avoir plus de fléaux à redouter, lorsqu'une peste dont l'histoire ne fournit aucun exemple, après avoir dévasté l'Asie et l'Afrique, pénétra dans l'Europe et s'étendit jusqu'aux extrémités du pôle.

Cette inscription curieuse est encore due à l'obligeance de M. Dutilleu, qui l'a fait détacher de la terrasse de son jardin, où elle servait de dalle.

---

N.° 64. ( *Inédite.* )

*Ci gissent feus Alain Rassine*
*plumassier le ql trepassa*
*le* 3 *d'octobre* 1503 *et Jehan Marchād*
*ceinturier lequel trépassa le*
14 *d'août* 1509 *Dieu ait*
*leurs ames amen*

Il s'agit sûrement ici de deux amis enterrés ensemble. On voit au bas de leur épitaphe le monogramme d'Alain Rassine, et la figure d'un saint grossièrement gravée ; c'est vraisemblablement le patron de l'un des deux trépassés.

---

N.° 65. ( *Inédite.* )

Cette épitaphe latine, gravée en caractères gothiques, a plusieurs lignes effacées ; on y distingue néanmoins qu'il y est question d'un nommé Girar de Ripia, citoyen de Lyon, qui mourut l'an du Seigneur mil quatre cent quatre, au 2 avril, et qu'il légua un florin d'or (*a*) par an, au curé de l'église de St. Romain, afin qu'une messe fût dite annuellement pour le repos de son ame.

Donnée par M. Dutilleu.

---

On trouve encore sous ces portiques trois dalles tumulaires que l'on y avait placées autrefois. Sur la première, au bas de la grille du grand escalier, est représentée Françoise de Clermont, qui a donné son nom à la rue voisine; elle fut abbesse de St. Pierre, et mourut en 1599. La seconde recouvre la tombe de dame d'Epinac, également abbesse, dont le frère, archevêque de Lyon, figura dans les troubles de la ligue. La troisième enfin est un fragment d'épitaphe gothique, dans lequel il est fait mention d'un noble Lyonnais, nommé Pierre de Chaffardon, chanoine de l'église de St. Nizier, où il fonda une chapelle sous le vocable de Ste. Catherine.

---

## SALLE DU *SUOVETAURILIA*.

### N.° I.

Les *Suovetaurilia* étaient des sacrifices solennels que les censeurs de Rome faisaient

---

(*a*) Le florin valait alors 15 à 20 s.

tous les cinq ans, après avoir fini le cens ou dénombrement du peuple (*). Ce mot latin est composé des trois noms des victimes qu'on avait coutume d'immoler dans cette sorte de cérémonie ; *sus*, un porc ; *ovis*, une brebis ; *taurus*, un taureau. Servius institua ce sacrifice quinquennal. Il consistait à conduire ces animaux au champ de Mars, à leur en faire faire le tour pendant trois fois, et à les y sacrifier ensuite pour purifier tout le peuple assemblé.

Le *Suovetaurilia* de Lyon, antiquité des plus curieuses, est une sorte d'entablement de marbre blanc orné sur toutes les faces. Il paraît avoir fait partie d'un monument placé isolément, et supporté par des colonnes ou des pilastres. La frise antérieure est composée de vingt-sept figures très-saillantes. Le spectateur peut diviser le sujet de ce bas-relief en trois parties. Dans celle du milieu, est un groupe composé d'un prêtre, d'un joueur de flute double, et d'un ministre tenant le vase *præfericulum*. Le prêtre, la tête voilée, suivi d'un licteur armé de verges, tient la patère, et

(*) Les Romains appelaient cela *lustrum condere*, fermer le lustre, mot qui depuis désigne encore l'espace de cinq ans.

semble faire une libation sur les entrailles de la victime exposées sur l'autel.

La partie à droite offre d'abord le pontife qui préside à la cérémonie. Il est seul assis, et entouré de ses prêtres et licteurs : sa tête est ornée d'une espèce de diadème ou bonnet pointu appelé *infula*. Vient ensuite un ministre tenant une large cuiller d'une main, et de l'autre un grand vase, *olla*, destiné à faire bouillir la viande du porc égorgé qu'un autre ministre emporte sur ses épaules. Plusieurs prêtres, camilles, ministres et licteurs composant le cortége de cette cérémonie, paraissent se diriger vers la droite. Parmi eux est celui qui porte le panier renfermant le levain sacré, *mola salsa*, que l'on mettait sur la tête des bêtes à cornes, au moment du sacrifice.

La partie à gauche du bas-relief offre des ministres, *popæ*, ayant le corps à demi nu, la tête ceinte de lauriers, et dans l'action de conduire des victimes à l'autel, une truie, un belier et deux taureaux ornés de bandelettes sacrées : parmi ces ministres est le thuriféraire, portant le coffret, *acerra*, qui renfermait l'encens. Des lauriers, arbres consacrés à cette cérémonie, se trouvent également placés à la gauche du bas-relief.

Le *Suovetaurilia* de Lyon est dû aux soins du premier magistrat de ce département,

M. d'Herbouville, dont le nom est si cher à tous les amis des sciences et des arts. Il provient de la Collégiale de Beaujeu, et servait de couronnement à sa porte principale. Le sire Berard, supérieur pour les connaissances au siècle dans lequel il vivait, en avait décoré l'entrée de cette église, qu'il fonda en 1076. Ce monument a toujours été considéré comme un des plus riches et des plus curieux en ce genre, quoiqu'il se ressente de l'époque de la décadence des arts. (*)

N.° II.

*Côte de Baleine de l'espèce dite* Chacalot.

Cet os énorme, dont il manque une partie, avait, dit-on, été rapporté d'outre-mer par un comte de Beaujeu, qui l'avait fait suspendre à la voûte d'une chapelle de son église collégiale. Ce trophée extraordinaire a pu avoir rapport à quelqu'événement de la vie de ce seigneur.

N.° III.

Ambon ou tribune du douzième siècle, provenant de l'abbaye de St. Loup dans l'Ile-Barbe. Le nom de cet évêque est gravé sur une

(*) L'auteur de cette notice s'occupe à graver ce bas-relief et à le décrire plus amplement.

des

des pierres du monument. Les ambons, comme on sait, étaient des espèces de jubé dans lesquels les diacres lisaient autrefois l'épître et l'évangile aux fidèles. Ce genre de monument est devenu très-rare, même en Italie (*a*). On cite comme des ambons curieux, ceux de St. Pancrace, à Rome. (*b*)

---

## N.° IIII.

### *Urne cinéraire.*

Lorsque les anciens brûlaient les morts, ils en mettaient les cendres dans des urnes appelées *olla*. Les riches employaient pour ces vases les marbres et les verres les plus précieux, tandis que l'argile la plus grossière était réservée aux pauvres. Il est aisé de voir que l'urne dont il est ici question, a appartenu à quelqu'un de cette dernière classe : la grandeur du vase même autorise cette conjecture.

On a remarqué que les cendres d'un homme peuvent être contenues dans le creux de la

---

(*a*) È veramente una disgrazia che questi monumenti di architettura sagra spariscono cosi, e diventono sempre più rari, *dit le savant abbé Pouyard*, dans une note de son Ouvrage sur la chaussure des Papes, *pag.* 22.

(*b*) Voyez Padre Paulino, *de Basilica S.ti Pancratii.*

main. Les romains opulens étaient soigneux de ne point confondre les cendres de leurs morts avec celles du bois dont avait été formé le bûcher; ils se servaient de coffres de fer dans lesquels ils faisaient calciner les cadavres : quelques auteurs croient qu'on les enveloppait d'une sorte de toile incombustible, au travers de laquelle les corps étaient brûlés sans mélange. Les gens du peuple au contraire, privés de ces moyens dispendieux, ramassaient indistinctement toutes les cendres, ce qui nécessitait un vase plus grand pour les contenir. On a trouvé dans celui-ci des ossemens et des charbons, et l'on peut penser que sa forme est positivement celle qui constituait l'*olla cineraria*, l'*urne cinéraire*, quoique les anciens aient souvent employé à cet usage les amphores de leur cave.

Cette urne a été découverte dans le jardin des plantes, où l'on remarque beaucoup de vestiges de sépultures antiques.

---

## N.° V.

Fragmens d'une frise du onzième ou du douzième siècle. La composition en est heureuse, et d'un bon goût pour le temps. Ils faisaient partie du cloître de St. Maurice à Vienne, qui a été détruit récemment, au grand regret des amis des sciences et des arts.

M. Guillermain, maire de cette ville, a bien voulu les donner au Musée de Lyon.

---

## N.° VI.

Vase antique, trouvé en fondant les nouvelles casernes de Ste-Marie-des-chaînes, au milieu des ruines d'un four. Il paraît avoir servi à contenir de la pâte de farine, ou l'eau nécessaire pour la pétrir. On en voit un à-peu-près semblable dans le Musée de Vienne, avec le nom de l'ouvrier, SABINVS GATISIVS.

---

## N.os VII, VIII, IX, X et XI.

*Amphores.*

L'amphore chez les Romains était un vaisseau d'argile, destiné à conserver le vin et quelquefois les olives. Elle prit son nom des deux anses adaptées à son col. La forme de ces sortes de vases est très-alongée et se termine en pointe. On concevrait difficilement comment on pouvait affermir ces vaisseaux sur leur pied, si l'on ne savait qu'ils étaient destinés à être fichés en terre. On peut juger jusqu'à quel point celui n.° VII a été enterré, d'après une trace plus claire dans sa partie inférieure.

L'amphore contenait ordinairement un huitième de notre muid, ou 24 de nos pintes : on la scellait avec un bouchon d'argile, autour duquel était une petite rainure en spirale. On garnissait ce bouchon de chanvre, on le trempait dans de la poix ; de-là le *vinum picatum*, ou vin poissé des anciens. On appliquait ensuite le cachet *nota*, et le titre particulier du vin, ainsi que celui du consulat sous lequel il avait été fait. Cette *nota* se prenait souvent pour le vin même. On trouve encore à Pompéii plusieurs de ces amphores rangées dans la cave d'une maison de campagne, et un peu inclinées les unes sur les autres, telles que le propriétaire les avait placées.

L'amphore n.° VII a été trouvée sur la colline St-Sébastien, le n.° VIII dans le quartier de St-Just, et le n.° IX à Vienne, près de l'obélisque : ce dernier vase aura sans doute contenu de cet excellent vin poissé de Vienne (*), dont parlent plusieurs auteurs anciens, et entr'autres Martial.

*Hæc de vitiferâ venisse picata Viennâ*
*Ne dubites : misit Romulus ipse mihi.*

---

(*) Il est connu aujourd'hui sous le nom de *Côte-rôtie*.

## N.° XII.

ET . MEMORIAE . AE
TERNAE
Q . LATINI . PYRAMI
ANIMAE . INCOMPA
RABILIS . QVI . VIXIT . ANN
XII . M . VIII . DIES . XVIII
Q . LATINIVS . CARVS
ET . DECIMIA . NICOPO
LIS . PATRONI . ALVMNO
KARISS . ET . SIBI . VIVI
POSVERVNT . ET . SVB
ASCIA . DEDICAVERVNT
YAKIE . EYKYT

Aux dieux mânes, et à la mémoire éternelle de Quintus Latinius Pyramus, jeune homme d'un cœur incomparable ; il vécut 12 ans 8 mois et 18 jours.

Quintus Latinius Carus et Decimia Nicopolis leurs patrons, ont fait faire ce monument pour ce cher nourrisson et pour eux, et l'ont dédié *sub ascia.*

Cette pierre, très-fruste, a beaucoup souffert par son déplacement. Nous espérons pouvoir la rétablir. Elle est due à la complaisance de M. Rougnard fils.

---

## N.° XIII.

*Modèle du Temple d'Isis, à Pompéii.*

Tout le monde connaît l'histoire des éruptions du Vésuve arrivées sous les règnes de

Néron et de Titus. On sait que l'explosion de ce volcan fut si affreuse, et s'étendit tellement au loin, que des pierres furent lancées jusqu'à Constantinople. Plusieurs villes et villages, Pompéii, Herculanum, Sorrentino, Stabia, qui étaient aux environs de Naples, furent ensevelis pour des siècles.

Pompéii disparut sous une pluie de cendres et de pierres qui dura plusieurs jours. Cet événement, arrivé le 5 février de l'an 63 de J. C., métamorphosa cette ville en une montagne fertile où croissent encore la vigne et l'olivier (*). Dans le siècle dernier, un paysan voulant déraciner un de ces arbres, fut fort étonné de se voir entraîné, avec une partie de son terrain, dans une salle très-bien décorée. Le bruit de cette découverte se répandit d'abord, et le roi de Naples ayant ordonné des fouilles, l'on trouva des maisons, des rues, des temples, une ville, *Pompéii!*

Le petit modèle en relief que l'on voit ici, est une imitation fidelle du temple d'Isis, encore debout dans un des quartiers de cette ville antique. Il paraît que ce temple avait déjà été renversé par un tremblement de terre;

---

(*) Il n'y a encore qu'un tiers de la ville de déblayé. S. M. le Roi de Naples vient d'acheter le reste du terrain, pour mettre toute la ville à découvert.

une inscription qu'on y voit encore, témoigne que Nonius Popidius Celsinus le reconstruisit à ses frais et par les fondemens. La porte d'entrée se trouve située sur le trottoir d'une rue pavée de laves; elle conduit sous des portiques qui forment un péristile autour du temple. Les colonnes de ce péristile, d'ordre dorique, sont cannelées et recouvertes en stuc, dont une partie est peinte en rouge. A l'extérieur de ces portiques et dans la cour est un petit canal destiné à recevoir les eaux pluviales. Dans quelques entre-colonnes se trouvent de petits autels correspondant à des niches ou oratoires particuliers. Les murs de ces galeries sont revêtus de peintures agréables d'un goût arabesque. Au milieu et un peu dans le fond du péristile, s'élève le temple d'Isis. Il est d'ordre corinthien. On y monte par sept degrés. Deux petits autels sont placés de chaque côté de ces marches; l'un était revêtu de marbre, l'autre était couvert d'hiéroglyphes, et tous deux consacrés à des divinités placées dans les entre-colonnes au-dessus. Le porche du temple est pavé de mosaïques, ainsi que le sanctuaire, où était placée la statue d'Isis. La perte de cette idole, ainsi que celle de plusieurs autres, ferait présumer que les prêtres eurent le temps de fuir en emportant les objets de leur culte et les effets les plus précieux. Au fond du sanctuaire l'on remarque deux petites loges où les prêtres, dit-on, se cachaient pour rendre les oracles au nom de la déesse. A côté de la façade du temple sont adossées deux petites chapelles : elles ont chacune leur autel; mais on ne sait à quelles divinités ils ont appartenu. Vis-à-vis le sanctuaire, et sous les portiques, est une niche carrée où était placée la statue du Silence consacré au culte d'Isis. Au-dessous de cette niche devait être fixé un banc où les desservans assis, selon le rite, faisaient leurs prières et tiraient les augures. A gauche, non loin de là, est une espèce de *sacrarium*, d'autres disent une chapelle qui servait au culte d'Osiris. Elle est d'un style élégant, et ornée de bas-reliefs en stuc. On apperçoit, dans l'intérieur, nu escalier souterrain qui conduit à une piscine où les prêtres avaient coutume de se purifier avant les sacrifices. Devant cette chapelle est un autel plus grand que les autres, sur lequel on a trouvé le gril en bronze qui avait servi à faire cuire la viande des holocaustes. Dans la partie opposée, et vis-à-vis le *sacrarium*, on voit un puits en forme de coffre, dont la toiture en dos-d'âne était probablement en bois et s'ouvrait à volonté. C'est là que dans une eau courante, l'on jetait les cendres des victimes. Derrière le temple est une grande salle à manger *triclinium*, sur le pavé de laquelle sont

sont tracés les noms de quelques initiés qui vraisemblablement avaient contribué à la construction de cette pièce (*). Derrière le *sacrarium* se trouvent une cave, une cuisine avec ses fourneaux, un lieu où est un abreuvoir pour les victimes, et d'autres salles élégamment décorées.

Ce modèle curieux, apporté de Naples, est formé avec des liéges revêtus de stuc dans certaines parties.

Le Musée de Lyon le doit à la générosité de M. Scherb, banquier distingué de cette ville.

---

## N.° XIV.

### *Jambe de cheval en bronze.*

Depuis plusieurs siècles les nautoniers de la Saône reconnaissaient successivement qu'il existait dans cette rivière, vers son confluent, un corps étranger qui leur servait à amarrer. Les uns l'appelaient le Tupin de fer, d'autres le Crochet du diable. Cette dernière dénomination lui fut donnée parce qu'il arrêtait quelquefois les cordes qui servaient à faire remonter

---

(*) Cornelia Celsa.
N. Popidi Celsini.
N. Popidi Ampliati ; tous trois parens de Nonius Popidius Celsinus, réédificateur du temple.

les barques. Un jour le cable d'une flottille considérable vint s'embarrasser dans le *crochet du diable*, et les efforts des chevaux le détachèrent presqu'entièrement.

Dans l'hiver de 1766, le 5 février, la Saône étant très-basse et fortement gelée, le sieur Barthelemi Laurent, qui vit encore, apperçut en dehors de la glace quelque chose de semblable à un sabot de cheval. Les vains efforts qu'il fit pour le détacher lui firent connaître qu'il appartenait à un corps plus considérable. Alors il alla se confier à un de ses amis, nommé Louis l'Etoile, qui, réunissant ses efforts aux siens, parvint à arracher une jambe de cheval en bronze (*). L'espoir d'une découverte si importante devait exciter le zèle des personnes instruites ; on ne tarda donc pas à former une souscription pour faire rechercher le reste de la statue prétendue de César Auguste. On fit deux batardeaux ; mais, soit qu'ils ne fussent pas placés dans l'endroit convenable, soit qu'ils ne fussent pas assez grands et assez serrés, on renonça à cette belle entreprise après avoir fait jouer vainement les pompes ; ce qui fit dire fort gaiement à M. de Pusignan : *je croyais voir César, je n'ai vu que Pompée.* (pomper.)

(*) Voyez Lettres d'Adamoli ; et M. Millin, Voyage dans le midi de la France, tom. 1.

Ce fragment antique est d'un travail extraordinaire : on le croirait composé d'un assemblage de petites lames de cuivre incrustées irrégulièrement sur une ame de plomb ; mais après un examen attentif, l'on s'apperçoit que toutes ces pièces, plus ou moins grandes et plus ou moins épaisses, ont été mises à dessein de réparer les soufflures inévitables dans une fonte aussi mince. Les anciens s'appliquaient à couler le bronze avec toute la ténuité possible. Ils consolidaient ensuite leurs statues en y coulant du plomb fondu qui adhérait à toutes les parties internes et composait une sorte de doublure très-solide.

Le travail compliqué que l'on apperçoit dans ce fragment, semblerait prouver que la statue toute entière du cheval a été fondue d'un jet, et que, pour ne pas refaire un creux à part de cette jambe mal moulée, l'artiste aura préféré y mettre des pièces adroitement incrustées.

D'après les belles formes de cette jambe, on peut aisément se faire une idée du mérite de la statue à laquelle elle a appartenu. Les lyonnais, amis des arts, s'uniront sans doute un jour pour fournir les moyens de tirer ce chef-d'œuvre du fond des eaux ; et placé au milieu de la cour du Musée, au-dessus de l'inscription que l'on croit avoir appartenu jadis à sa base, il fera le plus bel ornement de ce palais. (*)

Après avoir passé dans plusieurs cabinets, ce bronze fut acheté 300 fr. par M. de Verninac, premier Préfet de ce Département.

---

(*) On a voulu avancer que cette statue n'existe point dans la Saône. Sans nous déclarer bien décidément pour l'affirmative, nous pensons, d'après les circonstances que nous venons de rappeler, qu'il vaut bien mieux nourrir l'espoir des Magistrats et des citoyens zélés, que de chercher à le détruire, en contrariant une opinion qui paraît généralement adoptée.

NOTA. *Nous nous proposons de joindre, toutes les années, un supplément à cette notice, pour servir à expliquer les objets dont le Musée se sera enrichi.*

FIN.

---

## *ERRATA.*

*Pag.* 21. De la Gaule, *lisez* des Gaules.

*Pag.* 42. A Ste-Marie-des-chaînes, *lisez* au couvent de Ste-Marie-des-chaînes.

*Pag.* 48. M. Puy, maire de la Guillotière, *lisez* M. Revol, adjoint de M. le maire de la Guillotière.

*Pag.* 49. *Perpetuæ securitati lib...* lisez *perpetuæ securitati et.*

*Pag.* 60. Il l'a aussi posé pour lui-même, *lisez* il l'a aussi fait faire pour lui-même.

*Pag.* 102. Est une espèce de *Sacrarium*, lisez est une espèce de sacristie, *Sacrarium.*

# NOTICE

# DES TABLEAUX

## DU MUSÉE DE LYON.

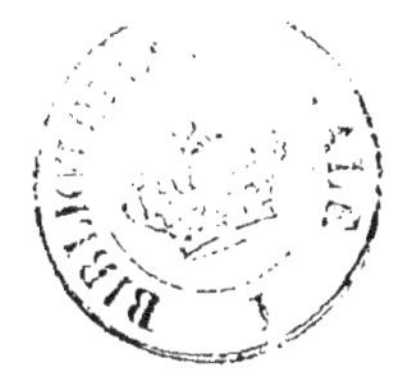

# NOTICE DES TABLEAUX DU MUSÉE DE LYON.

---

RUBENS (Pierre-Paul), né à Cologne en 1577, mort à Anvers en 1640, élève d'Otto Venius. Ecole Flamande.

## N.° I.er

### *L'Adoration des Rois.*

LES Mages ont découvert le lieu de la naissance du Messie. Le plus âgé d'entre eux se prosterne pour adorer l'enfant , et baise ses pieds avec respect. La suite nombreuse de ces princes se montre empressée de jouir de ce spectacle extraordinaire.

Toute la pompe orientale est déployée dans cette belle production de Rubens; on y distingue, comme dans ses autres ouvrages, un effet bien entendu, des caractères de tête pittoresques, des draperies éclatantes, ce beau clair-obscur et cette couleur vigoureuse qu'il possédait au plus haut degré à son retour d'Italie.

Rubens, issu d'une famille distinguée, se fit remarquer autant par la hardiesse de son génie que par l'étendue de ses connaissances. Il parlait et écrivait sept langues différentes. L'on a de lui divers ouvrages sur la peinture, composés en latin. Il fut l'ami des plus célèbres artistes de son temps. Les missions les plus importantes lui furent confiées par plusieurs souverains, et ses ambassades furent toujours couronnées d'un heureux succès. Charles I.er l'arma chevalier en plein parlement, lui fit présent d'un diamant précieux, et de l'épée avec laquelle il avait fait la cérémonie. On dit même que ce monarque joignit à toutes ces marques de distinction, le don d'un service complet de vaisselle d'argent, évalué à 12000 florins.

Ce tableau qui ornait la galerie de Munich, a été donné par le gouvernement au Musée de Lyon.

---

CARAVAGE ( Michel-Angelo Amerigi, dit le ), né à Caravagio, près Milan, en 1559, mort en 1609. Ecole Romaine.

N.° 2.

*Jesus-Christ mis au Tombeau.*

LE corps du Christ est prêt à être déposé dans le sépulcre par S. Jean, aidé de Nicodème, en présence des trois Maries éplorées : l'une contemple tristement le corps de son maître ; l'autre essuie avec son voile les larmes dont elle est baignée ; et la troisième, les bras étendus, témoigne par ses gémissemens tout l'excès de sa douleur.

Le tableau original est actuellement au Musée Napoléon. Il a toujours été reconnu pour l'ouvrage capital de ce maître, et mis au nombre des chefs-d'œuvre de Rome.

Cette copie parfaite est l'ouvrage de M. Perrin, membre de l'ancienne académie : elle a été donnée par le gouvernement.

---

JORDAENS ( Jacques), né à Anvers en 1594, mort dans la même ville en 1678. Ecole Flamande.

## N.° 3.

### *L'Adoration des Bergers.*

La Sainte Vierge tient dans ses bras le Messie qui vient de naître. Des Bergers se prosternent en lui faisant hommage de leurs offrandes rustiques. L'un lui apporte des oiseaux , l'autre lui présente une coupe remplie de lait, tandis qu'un troisième égaie la scène par les accords de son chalumeau. St. Joseph, appuyé sur un bâton, sourit à la piété touchante de ces pasteurs.

Un ton doré et vigoureux, un pinceau moelleux et large, beaucoup de vérité dans les accessoires; telles sont les qualités éminentes de ce tableau : il se voyait autrefois dans une des chapelles de l'église des Chartreux de Lyon.

## N.° 4.

### *La Visitation.*

ELISABETH paraît à la porte de sa maison et accourt au devant de Marie qui lui tend les bras. St. Joseph , qui vient d'attacher sa monture, semble répondre au bon accueil que lui fait St. Zacharie.

Ce tableau, donné à la ville de Lyon par le gouvernement, est peint dans une manière qui diffère de celle du précédent. Le pinceau en est plus ferme et plus facile ; l'ordonnance de l'ensemble est pittoresque ; et l'imitation, dans certains détails, est poussée jusqu'à l'illusion.

Après avoir étudié sous Van-Oort dont il avait épousé la fille, Jordaens entra dans l'école de Rubens, qui sut apprécier son talent, et prit plaisir à l'honorer de son amitié. Peu d'artistes ont autant travaillé que ce peintre. Sa patrie est remplie de ses ouvrages qui lui procurèrent des biens considérables.

---

## VOUET (Aubin), né à Paris.

### N.° 5.

### *Ste. Paule faisant l'aumône.*

Ste. PAULE, issue d'une des plus illustres familles de Rome, distribue de l'argent à des pauvres placés à la porte d'un temple : elle donne des leçons de charité à sa fille Ste. Eustochie, et des anges semblent montrer à l'une et à l'autre la récompense qui les attend.

Aubin Vouet a peu marqué dans la carrière des beaux-arts. On voit par cet ouvrage qu'il s'efforçait de suivre la manière de son frère Simon Vouet.

Donné par le gouvernement.

THULDEN (THÉODORE VAN), né à Bois-le-Duc en 1607. Ecole Flamande.

N.° 6.

*Le Christ sur la Croix.*

JESUS crucifié tourne ses regards vers son Père. La Magdeleine, pénétrée d'amour, embrasse le pied de la Croix, et considère en pleurant la situation cruelle du Rédempteur des hommes.

Van Thulden fut un des élèves de Rubens qui l'accompagnèrent à Paris pour y travailler avec lui dans la galerie du Luxembourg. On ignore l'époque de sa mort et le nom de ses disciples.

Ce tableau jouissait, avant la révolution, d'une réputation très-grande; on y admirait surtout l'expression de la Magdeleine. Il était attribué à Rubens, et placé dans l'église des pénitens dits *Confalons*.

---

TINTORET ( Giacomo Robusti, dit le ), né à Venise en 1512, mort en 1594. Ecole Vénitienne.

N.° 7. Ex voto.

*La Vierge, Ste. Catherine, St. Augustin, St. Joseph et St. Jean.*

CET ouvrage est une des bonnes productions du Tintoret, qui, comme on sait, était souvent très-inégal. La Sainte Vierge, groupée avec l'Enfant Jesus, offrent un ensemble rempli de grace. Elle est éclairée d'une manière piquante : son profil est dans un reflet clair extrêmement aimable. La figure de St. Jean n'est pas moins heureuse : elle unit à un beau caractère de tête, et à des contours grandioses, un ton local vigoureux et fin. Le reste du tableau est peut-être moins fini, mais il se ressent de cette chaleur, de cet enthousiasme qui faisait produire à ce maître des chefs-d'œuvre immenses avec la plus grande rapidité.

Jacques Robusti fut surnommé le *Tintoret*, parce qu'il était fils d'un teinturier. Il étudia quelque temps dans l'école du Titien ; mais ses progrès rapides excitèrent bientôt la jalousie de son maître, qui prit le parti de le congédier.

Ce grand génie employait moins de temps à exécuter un ouvrage, que les peintres ses contemporains n'en mettaient à l'inventer. La maxime qu'il avait inscrite sur sa porte, donne une idée des maîtres qu'il se proposait pour modèles. On y lisait : *Il disegno di Michel' Angelo, ed il colorito di Titiano.*

Ce Tableau, donné à la ville de Lyon par le gouvernement, provient de la galerie de Munich, où sans doute quelque peintre allemand avait été chargé de substituer à la tête de Ste. Catherine, le portrait de la femme d'un Electeur.

---

VERDIER (François), né à Paris en 1691, et mort dans la même Ville en 1730. Ecole Française.

## N.° 8.

### *Jesus sur la Croix.*

ON reconnaît aisément que ce tableau a été peint par un élève de Lebrun; il est fait dans sa manière, soit pour le dessin, soit pour la couleur.

Verdier seconda son maître dans ses travaux au palais de Versailles et dans la galerie d'Apollon. Lebrun lui avait donné sa nièce en mariage, et l'avait fait nommer professeur à l'académie. On voyoit autrefois plusieurs tableaux de ce maître dans différentes églises de Lyon.

---

CHAMPAGNE (Philippe de), né à Bruxelles en 1602, mort à Paris en 1674. Ecole Flamande.

N.° 9.

*L'Adoration des Bergers.*

LE Sauveur vient de naître sous le chaume; la Ste. Vierge et des bergers, pénétrés d'admiration et de respect, se prosternent devant lui. L'un de ces adorateurs rustiques lui apporte un agneau. Des anges radieux proclament sa gloire dans le ciel. Le fond du tableau représente la ville de Bethléem, au-dessus de laquelle brille l'Etoile miraculeuse.

Philippe de Champagne est l'auteur de ce grand ouvrage. On y retrouve, comme dans toutes les productions de cet artiste, un coloris vrai, joint à une grande naïveté dans les expressions.

Cet habile peintre n'eut d'autre maître que lui-même, ses œuvres respirent la douceur et le calme de son caractère. Il vint à Paris à l'âge de vingt ans; il y fut fait surintendant des bâtimens de la Reine. Il vécut dans l'intimité des grands hommes de Port-Royal; et l'on voit de lui, dans le Musée Napoléon, un tableau de la Cène, dans lequel il a représenté ces personnages illustres sous les traits des apôtres de Jesus-Christ.

Le gouvernement a donné ce tableau au Musée de Lyon.

---

N.° 10.

Un prophète et deux anges: belle copie faite à Rome, pour le Roi, d'après Raphaël.

Donné par le gouvernement.

---

N.° 11.

St. Jean écrivant son Evangile : attribué au Dominiquin.

---

CARRACHE (Annibal), né à Bologne en 1560, mort à Rome en 1609. Ecole Lombarde.

N.° 12.

*Le Christ mort sur les genoux de la Vierge.*

LE corps du Christ privé de la vie, repose sur les genoux de sa Mère; près d'elle Magdeleine debout, et appuyée sur le sépulcre, essuie avec ses cheveux les pleurs dont ses joues sont inondées. A gauche St. François, les bras croisés sur sa poitrine, médite profondément sur les plaies de Jesus, que deux anges lui indiquent en les arrosant de leurs larmes.

Ce tableau, ainsi que les deux suivans, ont été copiés à Rome pour le Roi, par des élèves de l'Académie. Cette copie est de M. Garnier, et fait infiniment d'honneur à son talent. L'original, qui se voit au Musée de Paris, est un des derniers ouvrages d'Annibal Carrache. Ce grand maître mourut à Rome quelque temps après l'avoir achevé, et au retour d'un voyage qu'il avait fait à Naples pour y rétablir sa santé.

---

GUIDE (Guido Reni, dit le), né à Calvenzano près Bologne, en 1575, mort en 1642. Ecole Lombarde.

N.° 13.

*L'Assomption.*

MARIE radieuse et triomphante de la mort, est ravie au ciel par les anges; une foule de Séraphins environnent son auréole et la contemplent dans sa gloire.

L'expression de la tête de la Vierge, la finesse du coloris des chairs, la simplicité et la majesté de la composition, tout annonce le génie brillant et facile du Guide; mais malheureusement ce tableau a sans doute été confié autrefois à des mains inhabiles qui l'ont usé en voulant le nettoyer.

M. Revoil, professeur de peinture à l'école spéciale de cette ville, en a fait récemment une très-belle copie que l'on voit dans l'église de Notre-Dame du Pont-de-Beauvoisin.

Le Guide, élève de Louis Carrache, jouissait de son temps d'une très-grande réputation. Le Josepin, son ami, disait un jour au Saint Père qui était venu le visiter : Nous peignons, nous autres, comme des hommes, mais le Guide peint comme les anges.

Ce grand artiste était d'un caractère naturellement doux et honnête; et son bonheur n'aurait jamais été troublé, si la passion du jeu n'eût pas empoisonné les plus beaux jours de sa vie.

## N.° 14.

### *Le Crucifiement de St. Pierre.*

Trois bourreaux préparent le supplice du St. Apôtre, qui va bientôt être cloué sur une croix renversée. L'un d'eux s'efforce de le hisser à l'aide d'une corde ; un autre soulève la tête et les épaules de la victime, tandis que le troisième, prêt à enfoncer un clou dans ses pieds, est tout-à-coup ébloui par un rayon divin qui vient suspendre son action barbare, et éclairer vivement la tête et le corps du glorieux martyr.

C'est là un des meilleurs ouvrages du Guide ; il fait époque dans l'histoire de sa vie. Le chevalier d'Arpin, jaloux des succès du Caravage, cherchait à les balancer en lui opposant le Guide. Ayant appris que l'exécution du tableau du crucifiement de St. Pierre était destinée au Caravage, il fit tant auprès du cardinal Borghèse, qu'il l'obtint pour son protégé, lui promettant que le Guide saurait se transformer en Caravage, et lui faire un tableau dans la manière de ce maître ; ce qu'en effet il exécuta.

M. Fabre, natif de Montpellier, élève de M. David, est l'auteur de cette superbe copie, qui, par sa fidélité et par sa fermeté d'exécution, est pour ainsi dire comme un autre original elle-même.

BLANCHET (Thomas), né à Paris en 1617, mort à Lyon en 1689.

N.° 15.

*L'Apothéose de César.*

N.° 16.

*Une Esquisse des Peintures du grand Escalier de l'Hôtel-de-Ville.*

BLANCHET est l'auteur du plafond du Palais de Justice, de celui de la salle dite *de la Conservation*, et des peintures de l'escalier de l'Hôtel-de-Ville. Il avait fait dans le même édifice d'autres ouvrages qu'il regardait comme ses chefs-d'œuvre, et qui devinrent la proie des flammes. L'on dit que le peintre ne put survivre à cette perte.

---

L'ESPAGNOLET (Joseph Ribera, dit), né à Xativa en 1589, mort à Naples en 1656. Ecole Espagnole.

N.° 17.

*St. François d'Assise.*

ON lit dans la Légende, que le corps de St. François ayant été transporté dans l'église que Grégoire IX lui avait consacrée, on l'a vu

long-temps

long-temps placé dans une grotte sous le grand autel, où il s'était conservé debout, les yeux ouverts et tournés vers le ciel.

Le peintre a choisi cette situation, et l'a rendue d'une manière effrayante. Le sujet était parfaitement dans le goût de l'Espagnolet. On sait qu'il se plaisait à représenter les objets les plus terribles.

Cet ouvrage, un des plus beaux de ce maître, est remarquable par une expression forte, une couleur vraie, un pinceau ferme, et un effet large et brillant.

Ribera passa d'une extrême pauvreté à la plus grande aisance. Il fut élève du Caravage, le quitta pour aller étudier les ouvrages du Corrége, et revint enfin à la manière de son maître qui servait mieux son envie de faire tomber les ouvrages du Dominiquin. Ce peintre fit sans doute une fin bien tragique, car il disparut de Naples où il s'était fixé, sans que l'on pût jamais apprendre ce qu'il était devenu.

M. de Boissieu, si célèbre par ses dessins et par ses gravures, a sauvé ce beau tableau pendant la révolution, et il a été acquis pour le Musée de cette ville, par les soins de M. Mayeuvre de Champvieux, l'un des administrateurs du Conservatoire des Arts.

PALME le jeune (Jacopo Palma, dit), né à Venise en 1544, mort en 1628. Ecole Vénitienne.

## N.° 18.

### *Le Christ à la Colonne.*

JESUS environné de ses bourreaux armés de verges, souffre avec résignation les coups terribles qu'ils lui portent. Des soldats cuirassés et la lance au poing, considèrent attentivement cette scène d'horreur qui se passe devant la porte du Prétoire. Une teinte sombre et mystérieuse, répandue sur l'ensemble, ajoute encore à la tristesse qu'inspire la vue de ce spectacle déchirant.

L'attitude du Christ est noble, et présente des contours heureusement contrastés. On ne saurait donner une idée plus juste du mérite de cet ouvrage, qu'en le comparant, pour le coloris, aux belles productions du Titien; et pour le dessin, à celles de Mazzuoli, dit le Parmesan.

Palme s'était formé à Rome sur les ouvrages des grands maîtres : sa manière est préférée à celle de son oncle, qui est un peu gothique. Il était si laborieux, que ses amis le trouvèrent occupé à peindre pendant qu'on enterrait sa femme. Son érudition et son humeur enjouée le firent aimer et rechercher des hommes les plus célèbres de son temps. Il eut pour protecteur le cardinal d'Urbin. L'auteur du *Pastor fido*, et le cavalier Marin, vécurent dans sa société intime.

Le Roi ne possédait qu'un seul tableau de ce maître, représentant Jesus couronné d'épines; mais celui du Musée de Lyon est, sans contredit, le plus beau Palme-le-jeune qui soit en France. Il décorait autrefois la chapelle de Ste. Anne dans l'église de St. Nizier, et avait été acheté à Venise par un aïeul de M. Joliclerc, de Lyon. Il a été perdu pendant la révolution, et retrouvé par M. Mayeuvre de Champvieux, qui s'est empressé d'en faire faire l'acquisition.

---

QUELLINUS (Erasme), né à Anvers en 1607, mort dans la même Ville en 1678. Ecole Flamande.

## N.° 19.

### *St. Jérôme dans le Désert.*

ST. JÉRÔME assis et les mains jointes, paraît méditer sur le néant de la vie humaine. Le lion, son compagnon fidèle, est couché paisiblement à ses pieds. Une tête de mort, un crucifix, et quelques livres de prières, sont les seules richesses de ce pieux anachorète.

Quoique ce tableau ait été attribué à Quellinus, son dessin gothique ferait présumer qu'il est l'ouvrage d'un maître plus ancien. Il a néanmoins de la vérité dans le coloris, et il offre des détails rendus avec fidélité.

Erasme Quellinus cessa de professer la philosophie à Anvers, pour se livrer à l'étude de la peinture. Rubens le reçut au nombre de ses élèves et de ses amis.

Donné par le gouvernement.

---

## Perugino (Pietro Vanuci, dit), né à Pérouse en 1446, mort en 1524.

### N.° 20.

### *St. Jacques et St. Grégoire.*

Ce tableau n'est qu'un des volets d'un tableau plus grand, où les patrons d'un donateur se trouvent représentés. Cette peinture curieuse est d'un style naturel ; les expressions y sont remplies de douceur et d'ingénuité. Un des plus beaux titres de gloire de ce maître, est d'avoir formé Raphaël, qui, comme on sait, a porté soudainement son art au plus haut degré de perfection. Le Pérugin ne peignit jamais son ame dans ses ouvrages; ils respirent le calme de la béatitude, et ce peintre était d'une dureté qui le rendait insupportable à ses élèves. L'avarice était sa passion dominante. Le vól d'une cassette qu'il quittait rarement, ſut la cause de sa mort.

---

MIGNARD D'AVIGNON (Nic.s dit) né en 1668, mort à Paris en 1728. Ecole Française.

N.o 21.

*Portrait de Nicolas Mignard.*

MIGNARD s'est représenté dans son attelier occupé à peindre une Annonciation. Cet artiste travaillait de la main gauche (*); et bien qu'en faisant son portrait le miroir ait dû lui déguiser cette habitude, il a voulu la consacrer et la faire connaître à la postérité.

Nicolas Mignard, natif de Troies, après avoir reçu les premières leçons de son art dans son pays, alla à Fontainebleau se perfectionner

---

(*) Turpilius, chevalier Romain sous Néron, peignait de la main gauche. Jouvenet, paralytique de la droite, fit avec la gauche un tableau qui n'a pas moins de mérite que ses autres ouvrages.

d'après les ouvrages du Rosso et du Primatice. Il partit ensuite pour Rome et y étudia deux années. De retour en France, il se fixa à Avignon où il épousa une femme qu'il aimait. Le long séjour qu'il fit dans cette ville le fit surnommer Mignard d'Avignon.

---

LA HIRE, né à Paris en 1606, mort en 1656; élève d'Etienne de La Hire et de Simon Vouet. Ecole française.

N.° 22.

*La Trinité.*

L'ETERNEL porté sur des nuages, soutient entre ses bras le corps de son fils immolé pour la rédemption des hommes ; le St-Esprit plane audessus de leurs têtes, et des anges groupés autour de la Ste. Trinité, paraissent méditer et gémir sur les souffrances de Jesus. On apperçoit dans le fond du tableau la montagne du Calvaire, désignée par les trois croix plantées sur le sommet. Ce fond de paysage, d'un ton vaporeux et argentin, rappelle agréablement le talent de ce maître pour ce genre.

La Hire fut le seul des élèves de Vouet qui ne suivit pas sa manière. Son originalité lui fit obtenir des succès. Le cardinal de Richelieu et le chancelier Séguier devinrent ses protecteurs. Son génie était fécond ; il embrassait tous les genres de peinture : il s'est particulièrement distingué dans celui du paysage.

Ce tableau, donné par le gouvernement, était placé avant la révolution dans l'Eglise des Minimes de la place Royale, à Paris.

---

CARLO (Cagliari Veronèse dit), né en 1570 mort en 1596, élève de Paul Véronèse son père. Ecole Vénitienne.

N.° 23.

*L'Adoration des Rois.*

MARIE présente Jesus à l'adorationdes Mages ; St. Joseph soulève une partie du linge qui le dérobe à leurs regards. Les trois Rois et les pages qui portent leurs présens, sont vêtus à la manière Vénitienne. Ces derniers sont couverts de juste-au-corps armoriés devant et derrière.

La manière de Carlo diffère peu de celle de son père, qui l'avait habitué à l'aider dans ses travaux. Ses compositions sont heureuses et pittoresques, son dessin a beaucoup de naturel, et n'est point dépourvu d'une certaine grandeur.

Toutes ces qualités, relevées par un coloris fier et vigoureux, placent Carlo au rang des meilleurs peintres de l'école de Venise. Cet habile artiste fut chargé, à la mort de Paul Véronèse, de mettre la dernière main à ses ouvrages. Il y réussit à la satisfaction de tous ses contemporains; mais la multiplicité de ses travaux affaiblit tellement ses forces qu'il termina sa carrière au milieu de sa 26.$^{e}$ année.

---

PERRIER (François), né à Mâcon en 1590, mort à Paris en 1650. Ecole Française.

N.° 24.

*David rendant grace à Dieu d'avoir vaincu Goliath.*

LE redoutable Géant est renversé; sa tête est séparée du tronc; David, les bras élevés vers le ciel, rend grace à Dieu d'une victoire si éclatante. L'horizon s'obscurcit, un éclair sillonne les nues, et l'armée des Philistins prend la fuite.

Un dessin facile, un pinceau libre et suave, pourraient faire classer ce Tableau parmi les bonnes productions d'Alexandre Véronèse, si l'on ne savait pas qu'il est l'ouvrage de François Perrier.

L'amour de la peinture suggéra à cet artiste un expédient fort extraordinaire pour lui fournir les moyens d'aller à Rome. Il imagina, après avoir fui la maison paternelle, de se transformer en conducteur d'un aveugle, et il parvint de la sorte, en demandant l'hospitalité, jusqu'à la capitale des beaux arts. Il y travailla d'abord pour un marchand de tableaux, et il ne tarda pas à se faire connaître de Lanfranc dont il se fit l'élève. De retour à Lyon, il s'acquit une grande réputation par la manière savante et hardie dont il peignit le cloître des Chartreux. Perrier termina sa carrière à Paris où il fut employé par le Vouet. Ses Ouvrages les plus capitaux sont la galerie de l'hôtel de Toulouse, et des gravures faites d'après l'antique.

Le Musée a reçu ce tableau du gouvernement.

---

## STELLA (Jacques), né à Lyon en 1596, mort à Paris en 1647. Ecole Française.

## N.° 25.

### *L'Adoration des Anges.*

L'ENFANT Jesus dans les bras de la Vierge est adoré par les esprits célestes. Dans le nombre de ceux qui considèrent l'humble Crèche où vient de naître le Sauveur du monde, il en est un qui soulève et baise avec respect une poignée de la paille sur laquelle il a reposé. Dans la partie supérieure du tableau, de petits anges déployent la légende, *Gloria in excelsis :* le St-Esprit et Dieu le père apparaissent dans leur gloire et semblent fixer l'attention de Marie.

Une composition aussi sage que gracieuse, un dessin coulant et naturel, une expression de béatitude répandue sur toutes les têtes, concourent à caractériser l'une des meilleures productions de Jacques Stella, Lyonnais célèbre par ses talens, et par l'amitié qui le liait avec le fameux N. Poussin.

Jacques, fils de François Stella, peintre, alla de très-bonne heure étudier son art en Italie. Il fut long-temps retenu à Florence par Cosme de Médicis pour lequel il fit un grand nombre d'ouvrages. Victime d'une calomnie atroce, Stella fut emprisonné à Rome, et pendant sa captivité il traça sur un mur, avec du charbon, une Ste. Vierge qui fut long-temps ensuite l'objet de la vénération des prisonniers. Lorsque son innocence eût été reconnue, le Roi d'Espagne lui fit faire des propositions avantageuses; mais le Cardinal de Richelieu, qui ne voulait pas que cet artiste fût enlevé à la France, parvint à le fixer à Paris, et cette ville devint le théâtre de sa gloire. Les deux nièces de ce peintre se sont rendues célèbres dans la gravure; Claudia sur-tout a exercé cet art avec une ame et une énergie au-dessus des facultés de son sexe ; ses estampes sont fort recherchées des artistes.

Les cordeliers de Lyon possédaient ce tableau de l'Adoration des Anges dans leur chapelle de St. Luc. Ils avaient accordé gratuitement le droit de sépulture au pied de leur maître-autel, à la famille de Stella, en reconnaissance des ouvrages de son père, qu'ils ne croyaient pas avoir assez payés.

---

## PAUL VÉRONÈSE (Paolo Cagliari dit), né à Vérone en 1532, mort en 1588.

### N.º 26.

*Moïse sauvé des eaux.*

LA fille de Pharaon richement vêtue à la manière des Vénitiennes, jette un regard protecteur sur Moïse que des archers viennent de découvrir sur les eaux du Nil. Des femmes, des esclaves, et un nain, sont présens à cette scène intéressante.

L'inexatitude dans les costumes était un défaut commun chez la plupart des peintres contemporains de Paul Véronèse. Cette imperfection n'empêche point que l'ouvrage dont il s'agit ne soit d'un mérite très-grand. Un coloris vrai, un pinceau facile, et beaucoup de variété dans les airs de tête, sont des qualités suffisantes pour élever ce tableau à un rang distingué.

Paul Cagliari avait été élève de Badile son oncle, artiste estimé à Vérone ; mais le disciple surpassa bientôt le maître. Le Sénat de Venise encouragea ses talens dans plusieurs circonstances. Il en reçut solennellement une chaîne d'or; et à son retour d'un voyage qu'il fit à Rome pour étudier les statues antiques et les ouvrages de Raphaël, ses progrès lui valurent l'insigne honneur d'être créé Chevalier de St. Marc.

Ce tableau a été donné à cette ville par le gouvernement ; il y en avait deux du même sujet et du même maître dans le cabinet du Roi. Il serait possible que celui-ci eût été tiré de cette collection.

---

## N.° 27.

*L'Adoration des Anges et des Bergers, copiée d'après les Carraches.*

---

## N.os 28 et 29.

*La Foi et la Religion, d'après Le Sueur.*

## P. F. van-Broussel, d'Anvers.

### N.° 30.

Un vase rempli de roses, de pivoines, d'oreilles d'ours, de giroflées, etc. Au bas et à gauche est un nid d'oiseau; à droite sont quelques fruits réunis ensemble.

Ce tableau, peint sur bois et d'un fini précieux, figurait il y a quelques années dans la collection du Musée Napoléon.

L'auteur de cet ouvrage, daté de 1781, doit être encore vivant.

Donné par le gouvernement.

---

### N.° 31.

*La Ste. Famille en repos dans un très-beau paysage, d'après le Poussin.*

---

## Albani (Francesco), né à Bologne en 1578, mort dans la même ville en 1660; élève de Louis Carrache et du Guide. Ecole Lombarde.

### N.° 32.

*La Prédication de St. Jean dans le désert.*

Des vieillards et des jeunes gens, des enfans et leurs mères, assis dans le désert, sont attentifs à la parole du Précurseur de Jesus.

## N.° 33.

### *Le Baptême de Jesus-Christ par St. Jean.*

JESUS aux rives du Jourdain reçoit le Baptême des mains de St. Jean; un ange soulève la draperie qui couvre ses épaules, un autre ange prépare le linge qui doit essuyer ses pieds. Dieu le père, le St-Esprit, et des Séraphins groupés sur des nuages, contemplent cette cérémonie.

Tout le monde connaît le talent aimable et poétique de l'Albane. On retrouve dans ces deux tableaux toute la grace et la simplicité qui caractérisent ses ouvrages.

Cet artiste était fils d'un marchand de soie. Il fut d'abord destiné à l'étude des lettres, et ensuite au commerce; mais ayant perdu son père de bonne heure, il suivit enfin son penchant irrésistible pour la peinture. Né pour un genre plus gracieux que sévère, il chercha à nourrir son imagination de la lecture des poëtes Italiens. Il était, dit-on, tellement idolâtre des ouvrages de Raphaël, qu'il ne prononçait jamais le nom de ce grand maître sans se découvrir.

Ces deux tableaux de l'Albane, donnés au Musée de Lyon par le gouvernement, faisaient autrefois partie de la collection du cabinet du Roi.

PETERS (Bonaventure), né à Anvers en 1614, mort dans la même ville en 1652.

N.o 34.

*Une Marine, Tempête.*

UN navire vient d'échouer contre des écueils près d'un vieux phare ; des marins jettent des cordes à de malheureux naufragés.

Cette scène effrayante et peinte avec chaleur, est l'ouvrage de Peters, qui se plaisait à rendre tout ce que les tempêtes peuvent produire de plus terrible. Les tableaux de ce maître, faits d'une manière large et moelleuse, sont estimés des connaisseurs. Il eut un frère nommé Jean, qui ne se rendit pas moins célèbre que lui dans le même genre.

Donné par le gouvernement.

---

*Vues de Paris, par Guernebrock.*

N.o 35.

Vue de Paris prise sur les hauteurs de Chaillot.

N.o 36.

Vue de Paris prise du milieu de la Seine en face du pont Royal.

N.° 37.

Vue de Paris prise en face du quai de l'Arsenal.

N.° 38.

Vue de Paris prise derrière le faubourg Saint-Antoine.

---

VERMONT (Hyacinthe Colin de), né à Versailles, mort à Paris en 1761. Ecole Française.

N.° 39.

*Le Mariage de Ste. Catherine.*

L'ENFANT Jesus est sur les genoux de sa mère, et met l'anneau nuptial au doigt de Sainte Catherine.

Colin de Vermont fut un peintre assez estimé dans son temps ; il a travaillé dans l'Eglise de St. Louis à Versailles.

N.° 40.

*Agar renvoyée par Abraham.*

N.° 41.

*Abraham et Isaac.* Ecole de Rembrand.

BYLERT

BYLERT (Jean), né à Utrecht en 1603.
Ecole Flamande.

N.° 42.

*La Marchande d'Esclaves.*

L'ARGENT est compté, l'esclave est vendue, et le propriétaire paraît se réjouir de son acquisition.

Il y a de la vérité dans la couleur et dans les airs de tête de cet ouvrage.

Bylert était fils d'un peintre sur verre. Sa jeunesse fut fort orageuse ; mais malgré son penchant aux plaisirs, il fit quelques tableaux très-estimés : les Grands les ayant fort recherchés, ils sont devenus très-rares chez les particuliers.

Celui-ci a été donné par le gouvernement.

N.° 43.

*L'Adoration des Rois*. Ecole Italienne ; maître inconnu.

N.° 44.

*Une Ste. Famille*. Ecole Lombarde ; maître inconnu.

## N.° 45.

*Le Christ portant sa Croix.*

TABLEAU gothique du commencement du 16.e siècle. Ecole Flamande ; maître inconnu.

---

## N.° 46. attribué à

BOULLONGNE (Bon), né à Paris en 1649, mort dans la même ville en 1717. Ecole Française.

*Sortie de l'Arche.*

Noé et ses enfans rendent graces à Dieu d'avoir échappé au déluge. Les animaux sortent de l'Arche.

Bon Boullongne, élève de Louis son père, s'acquit beaucoup de réputation dans son temps, et travailla pour plusieurs Eglises de Paris. Un de ses élèves se trouvant embarrassé en lui faisant son portrait, se plaignit de n'avoir que de mauvais pinceaux : *Ignorant*, lui dit le maître, *je vais faire le tien avec les doigts.*

---

BAPTISTE (Jean Monnoyer dit), né à Lille en 1635, mort à Londres en 1699. Ecole Française.

N.os 47 et 48.

Ces deux petits Tableaux de fleurs, peints sur cuivre, peuvent donner une idée du dessin correct et facile, de la touche franche et spirituelle de cet habile maître.

Ils ont été donnés au Musée de Lyon par feu M. Leclerc de la Colombière, professeur de *mise en carte* à l'école spéciale de cette ville.

N.o 49.

*Incendie d'un Village*, attribué à Steen.

---

CIGOLI (Louis Cardi dit le), né au château de Cigoli dans la Toscane en 1559, mort à Rome en 1613. Ecole Florentine.

N.o 50.

*La Vierge, l'Enfant Jesus et Ste. Anne.*

Debout sur les genoux de sa mère, le divin Enfant cherche à saisir des fruits qui lui sont présentés par Ste. Anne : St. Zacharie et Saint

Joseph paraissent s'intéresser à cette action innocente.

On a attribué ce tableau à Cigoli; mais il ne paraît pas avoir la suavité d'exécution, le pinceau moelleux et ferme de ce maître. Il a néanmoins de l'éclat et de la vigueur.

Cigoli, Barroche et Caravage peignirent en concurrence le sujet d'un *ecce Homo;* mais le premier sortit complétement victorieux de cette lutte; il produisit un chef-d'œuvre qui fit long-temps l'ornement du palais Pitti, et que l'on admire aujourd'hui dans la galerie du Louvre. Le duc de Toscane, satisfait des talens et des ouvrages de ce peintre, lui fit présent d'une chaîne d'or. Dans la suite Paul V le fit recevoir chevalier servant dans l'ordre de Malte.

## N.° 51.

Le Christ est mis au sépulcre en présence de la Vierge, des Saintes femmes et du Disciple bien-aimé. Ecole Florentine; maître inconnu.

---

RÉVOIL (Pierre), né et habitant à Lyon, élève de M. David.

N.° 52.

*La Ville de Lyon relevée par l'Empereur.* (*)

Lyon, sous les traits d'une mère éplorée et gisante au pied d'un monument élevé aux mânes de ses défenseurs, semble se ranimer à l'aspect du vainqueur de Marengo qui l'aide à sortir de ses ruines. Cette Ville malheureuse est environnée du reste de ses enfans malades. Ceux d'entr'eux qui ont reconnu leur libérateur, se livrent à l'espérance et à la joie; mais le Génie des manufactures Lyonnaises est près d'expirer de langueur, et la navette va tomber de ses mains..... Cependant le Héros ramène avec lui le commerce et les beaux arts. L'Architecture déroule les nouveaux plans de la place Bellecour; la Poésie fait lire sur une bandelette flottante, ce vers emprunté de Virgile:

O fortunati quorum jam mœnia surgunt!

Le nouveau jour qui luit sur la ville chasse les

---

(*) Sa Majesté passant à Lyon après la victoire de Marengo, y posa la première pierre des façades de la place de Bellecour. C'est afin de consacrer cette époque, que le Ministre de l'intérieur a fait faire ce tableau.

ténèbres dont elle était couverte ; et les oiseaux de proie s'enfuient avec les ombres.

Parmi les accessoires de cette grande composition, on voit à gauche et au-dessus de quelques riches débris, entre lesquels croissent des orties, la statue du dieu du Commerce mutilée par le vandalisme ; à gauche des éclats de bombe, et au centre les clefs de la ville brisées et posées sur un bassin de bronze, sur lequel on distingue les traits d'Henri IV, édificateur des remparts de Lyon.

Cette allégorie, aussi simple qu'ingénieuse, est le premier tableau de M. Révoil. D'après ce début, qui offre les qualités essentielles des habiles peintres, on peut aisément pressentir combien l'auteur saura dignement parcourir la noble carrière des arts. Sa Majesté a appelé M. Révoil à professer la peinture à Lyon, et déjà cet artiste a fait pénétrer dans l'école spéciale l'heureuse influence des préceptes de M. David son illustre maître.

---

## BRENET (Jean), de Lyon.

## N.° 53.

IMITATION d'un bas-relief représentant la justice de Rome à qui l'on présente une supplique.

Cet ouvrage est un des meilleurs de cet artiste, qui a travaillé pour plusieurs églises de cette ville.

N.° 54.

*Portrait d'un Archevêque de Lyon*, par Dumonche.

---

CALLET (Antoine-François), habitant à Paris.

N.° 55.

*L'Arrivée de Bonaparte à Lyon.*

LE Héros, assis sur un char guidé par Minerve, et suivi de la Victoire, du Secret, de la Force, de la Paix et de la Justice, passe sous un Arc de triomphe élevé en son honneur. Il s'appuie d'une main sur le gouvernail de l'Etat, et de l'autre il assure de sa protection le peuple lyonnais qui lui offre les prémices de son industrie. Une étoile heureuse éclaire cette marche que Mercure précède et que les Renommées du continent annoncent au son de leur trompette. Les députés de la *Consulta* Cisalpine, les ministres français, la jeunesse de Lyon à cheval, et le peuple, augmentent ce cortége triomphal. On distingue dans la foule empressée, le portrait d'un Lyonnais célèbre dans les arts (1). Le Rhône et la Saône partagent l'admiration générale.

Cette allégorie est l'ouvrage de M. Callet, de l'ancienne Académie, artiste avantageusement connu par son portrait de Louis XVI, gravé par M. Berwik.

Ce tableau a été donné par le gouvernement, pour consacrer l'arrivée de l'Empereur dans la ville de Lyon, à l'époque de la *Consulta* Cisalpine.

---

## VANDER KABEL (Adrien), né à Ryswick en 1663, mort à Lyon en 1695.

### *Nature morte.*

### N.° 56.

UN fauteuil, des vases, des fleurs, des instrumens de musique, et des draperies, composent ce tableau rempli de vérité.

On peut regarder ce peintre comme Lyonnais. Il passa par la France en voulant aller en Italie; mais il resta dans cette ville, où ses talens furent estimés malgré la vie crapuleuse qu'il menait. Sa manière de peindre le paysage et les animaux, tient beaucoup des peintres ita-

---

M. Chinard, professeur à l'Ecole impériale de dessin.

liens. Vander Kabel avait l'habitude de louer plus particulièrement ses tableaux négligés. Il pensait que ses ouvrages plus soignés feraient fortune d'eux-mêmes. On voit dans la maison de Pilata quelques grands paysages de ce maître.

---

## GALOCHE (Louis), né en 1670, mort en 1761.

### N.° 57.

*L'Apothéose du Cardinal de Fleury.*

LA Justice présente le portrait de ce Ministre à la Lorraine qui vient d'être réunie à la France. L'Histoire écrit cet événement digne de mémoire, et foule aux pieds le démon de l'Envie.

Le dessin et la composition de Galoche se ressentent de la dégradation de l'art dans le siècle passé ; mais on voit au travers des défauts de ce peintre, qu'il eût été un grand artiste s'il eût eu le bonheur de naître plus tard. Son coloris est aimable, et sa touche est facile.

---

### N.° 58.

St. Benoît et Ste. Claire, soutenus par des anges, offrent leur cœur à la Ste. Vierge. Des chérubins répandent des fleurs sur ces bienheureux.

Attribué à Stella.

SUBLEYRAS (Pierre), né à Uzès en 1699, mort à Rome en 1749.

N.° 59.

*Le Repos de la Sainte Famille en Egypte.*

---

DESPORTES (Claude-François), né à Champigneul en Champagne, l'an 1661; mort à Paris en 1743.

N.° 60.

UN perroquet, un paon et un singe. Ces deux derniers mangent des raisins qui sortent d'une corbeille posée sur la terrasse d'un jardin. Des fruits sont groupés sur le premier plan. La manière facile et l'invention pittoresque de ce maître lui procurèrent de nombreux travaux dans les Cours de l'Europe. Un parvenu, revêtu d'une grande charge, osa un jour le traiter avec une orgueilleuse supériorité. Quand je voudrai, lui dit-il, Monsieur, je serai ce que vous êtes, et vous ne pourrez jamais être ce que je suis.

Acheté en 1785, par l'Administration départementale.

*FIN.*

www.ingramcontent.com/pod-product-compliance
Ingram Content Group UK Ltd.
Pitfield, Milton Keynes, MK11 3LW, UK
UKHW020338230726
13925UKWH00003B/851